Veronika Hug

Neue Häkel-Ideen

CV

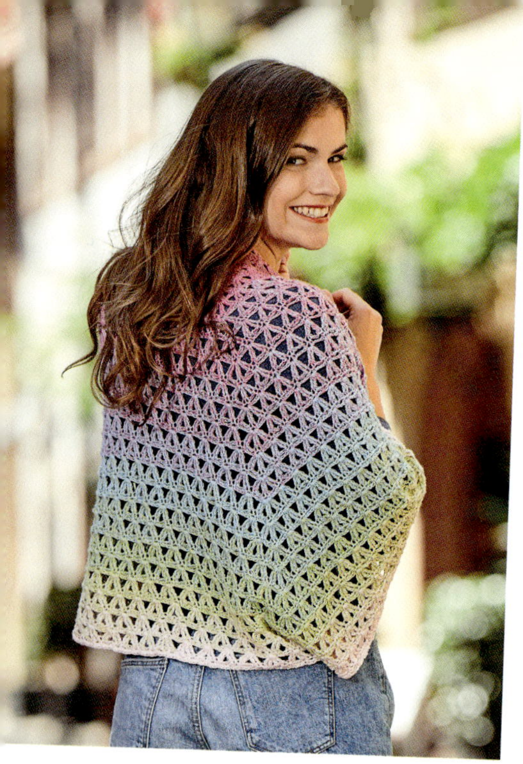

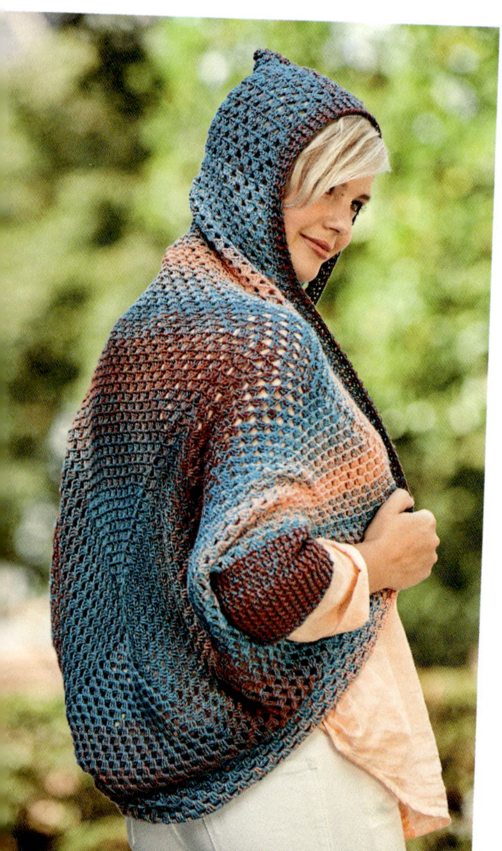

INHALT

Liebe BOBBEL-Fans!

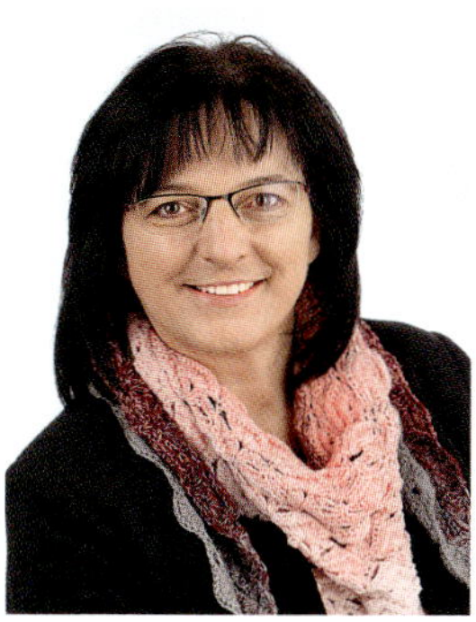

Manchmal frage ich mich, was wir eigentlich in Zeiten ohne BOBBEL-Garne gehäkelt haben – natürlich jede Menge Modelle aus anderen Garnen. Aber für die Handarbeitsszene sind die BOBBEL wirklich eine große Bereicherung. Das zeigt auch dieses zweite BOBBEL-Häkel-Buch. Die herkömmlichen, ab der unteren Spitze gehäkelten Tücher werden nun ergänzt durch asymmetrische Tücher und Modelle, die in der Nackenmitte bzw. an einer seitlichen Spitze beginnen. Dazu kommt eine Vielzahl von Ponchos, Capes und Stolen, die immer wieder neu Staunen lassen, was alles mit dem BOBBEL-Garn gefertigt werden kann und wie toll sich der Farbverlauf in jedem einzelnen Teil entwickelt.

Wenn ich Fotos von BOBBEL-Modellen sehe, bin ich jedes Mal von Neuem erstaunt über die Vielfalt, die sich für ein und dasselbe Modell allein aus der Wahl unterschiedlicher Farben ergibt. Was beispielsweise in buntem Regenbogenverlauf trendy und flippig wirkt, erscheint im harmonischen Ton-in-Ton-Farbverlauf richtig edel. Einfach genial! Und so haben wir, um für genügend Abwechslung zu sorgen, bei den BOBBEL-Garnen mit vielen neuen Farben nachgerüstet.

Einige Modelle im Buch benötigen zwei oder, je nach Größe, sogar drei BOBBEL, denn über die typischen 1-BOBBEL-Tücher und -Stolen hinaus können auch richtige Kleidungsstücke gehäkelt werden. Sie sind zwar etwas aufwändiger, aber die Trageeigenschaften überzeugen am Ende von selbst und zeigen, dass sich die Mühe gelohnt hat. Nicht ganz aufgebrauchte BOBBEL können sehr gut für Mini-Projekte wie Traumfänger, Häkeldeckchen oder kleine Beutelchen verwendet werden und sind immer eine willkommene Geschenk-Idee.

Nun wünsche ich euch wieder viel Spaß beim Aussuchen eures BOBBELs sowie beim Häkeln und Tragen der entstandenen Modelle.

Veronika Hug

P.S.: Vielleicht treffen wir uns demnächst auf Facebook, wenn ihr uns euer Werk zeigt!
Alle Infos findet ihr auf meiner Homepage www.VeronikaHug.com

WORKSHOP
DREIECKSTÜCHER HÄKELN

DIE HÄKELSCHRIFT

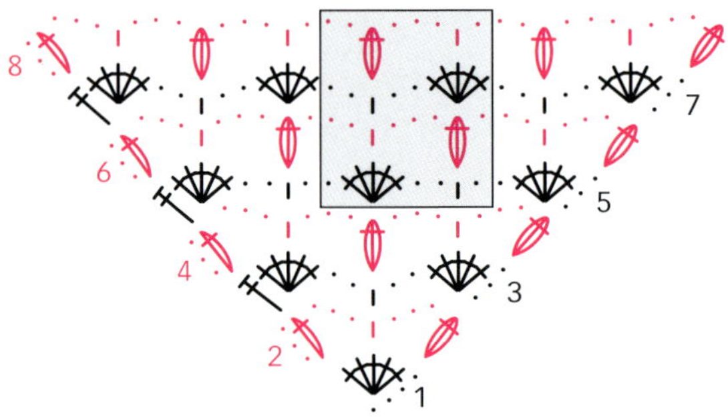

Ab Anschlag laut Häkelschrift arbeiten. Die Zahlen rechts außen bezeichnen die Hinreihen, links außen die Rückreihen. Hinreihen werden von rechts nach links, Rückreihen von links nach rechts gelesen. Nach jeder Reihe die Arbeit wenden.

Zeichenerklärung

· = 1 Luftmasche
ı = 1 feste Masche
† = 1 Stäbchen
ǂ = 1 halbes Doppelstäbchen
= 2 zusammen abgemaschte Stäbchen in 1 Einstichstelle
= 3 zusammen abgemaschte Stäbchen in 1 Einstichstelle
= 5 Stäbchen in 1 Einstichstelle

Die grau unterlegten Zeichen bilden den Mustersatz.

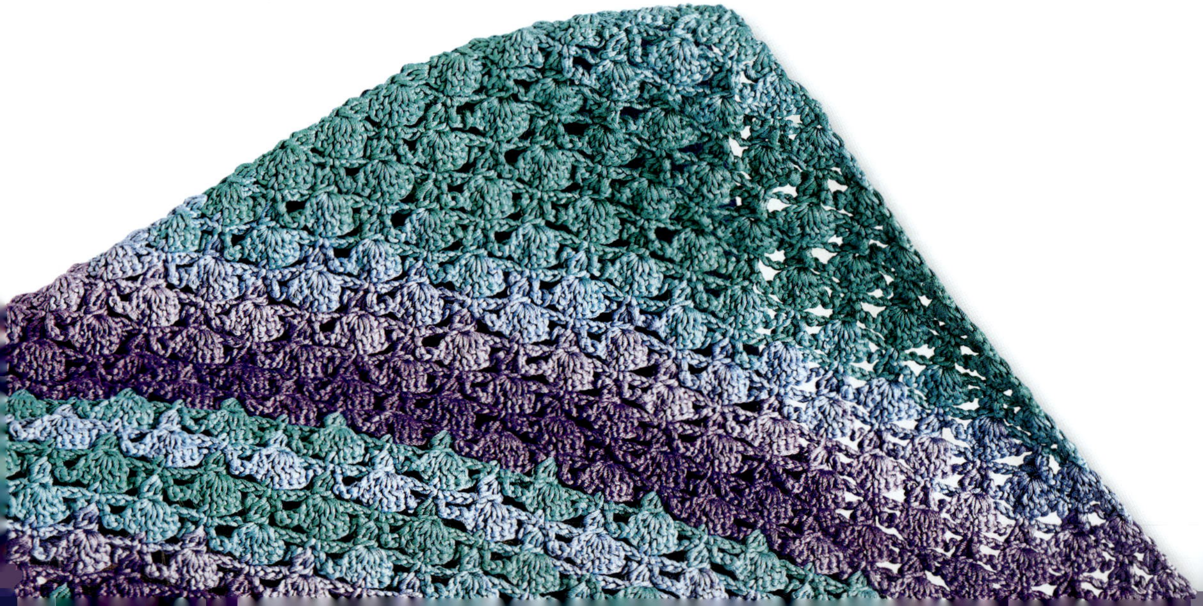

DER ANSCHLAG

1 Luftmasche + 3 weitere Luftmaschen als Ersatz für das 1. Stäbchen der 1. Reihe anschlagen.

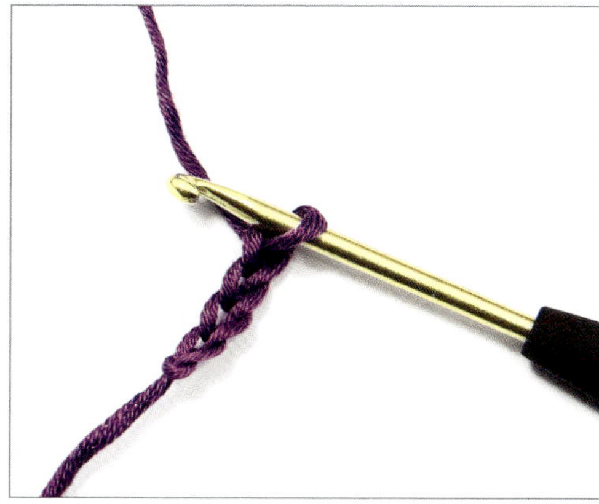

1. REIHE

1 Gruppe (= 5 Stäbchen) laut Häkelschrift in die 1. Anschlag-Luftmasche arbeiten.

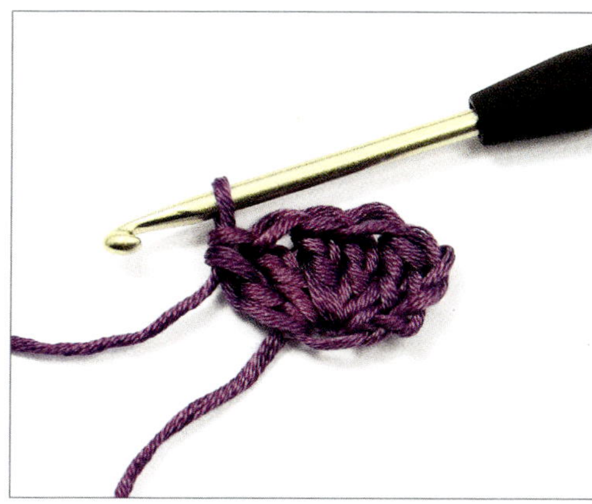

2. REIHE – BEGINN

Arbeit mit 3 Luftmaschen als Ersatz für das 1. Stäbchen der 2. Reihe wenden.

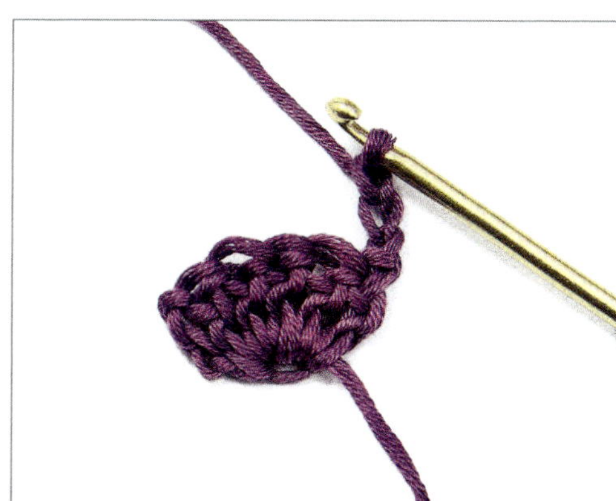

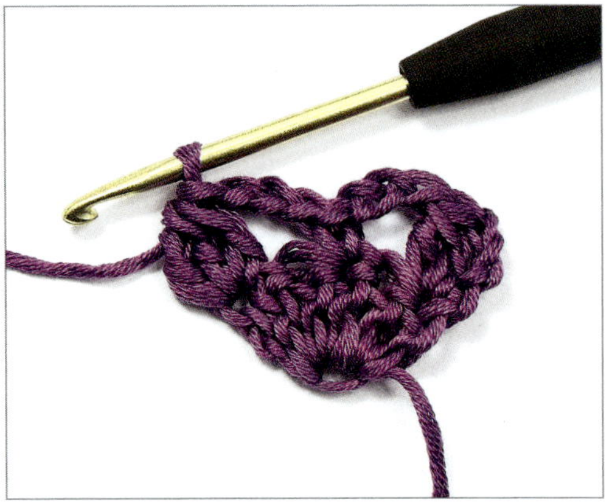

2. REIHE

2 zusammen abgemaschte Stäbchen in das 5. Stäbchen der 1. Reihe, 3 Luftmaschen, 1 feste Masche in das mittlere Stäbchen der 1. Reihe, 3 Luftmaschen, 1 Büschel (= 3 zusammen abgemaschte Stäbchen) in die 3. Ersatz-Luftmasche der 1. Reihe arbeiten.

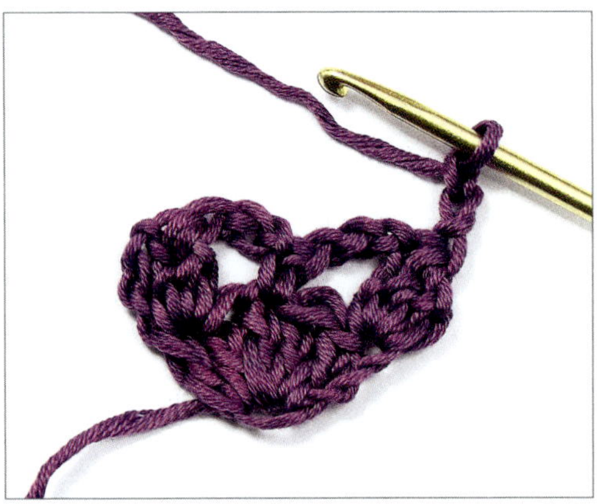

3. REIHE – BEGINN

Arbeit mit 3 Luftmaschen als Ersatz für das 1. Stäbchen der 3. Reihe wenden.

Hinweis: Auf die gleiche Weise künftig jede weitere Reihe beginnen.

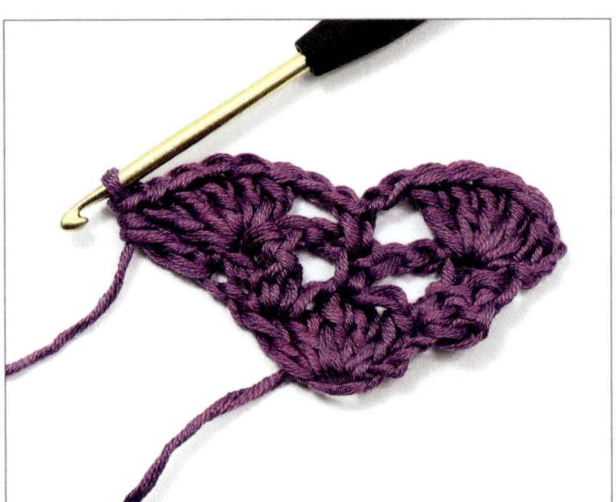

3. REIHE

1 Gruppe in das Büschel der 2. Reihe, 2 Luftmaschen, 1 feste Masche auf die feste Masche der 2. Reihe, 2 Luftmaschen, 1 Gruppe in die 2 zusammen abgemaschten Stäbchen der 2. Reihe, 1 halbes Doppelstäbchen in die 3. Ersatz-Luftmasche der 2. Reihe arbeiten.

4. REIHE

Arbeit wenden. 2 zusammen abgemaschte Stäbchen in das halbe Doppelstäbchen der 3. Reihe, 3 Luftmaschen, 1 feste Masche in das mittlere Stäbchen der darunterliegenden Gruppe, 3 Luftmaschen, 1 Büschel in die darunterliegende feste Masche, 3 Luftmaschen, 1 feste Masche in das mittlere Stäbchen der darunterliegenden Gruppe, 3 Luftmaschen, 1 Büschel in die 3. Ersatz-Luftmasche der 3. Reihe arbeiten.

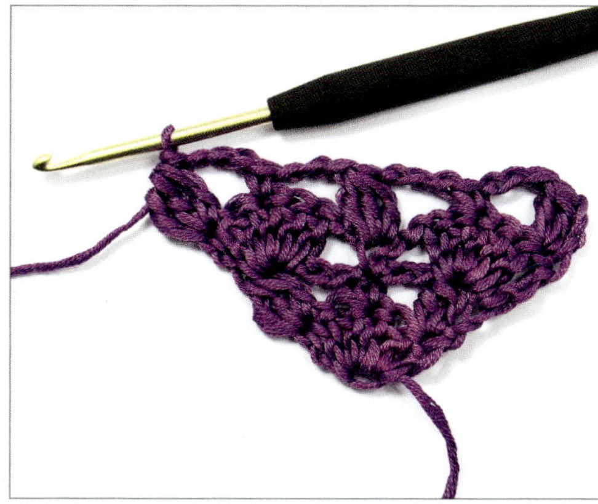

5. REIHE

Arbeit wenden. 1 Gruppe in das Büschel der 4. Reihe, 2 Luftmaschen, 1 feste Masche auf die darunterliegende feste Masche, 2 Luftmaschen, 1 Gruppe in das darunterliegende Büschel, 2 Luftmaschen, 1 feste Masche auf die darunterliegende feste Masche, 2 Luftmaschen, 1 Gruppe in die 2 zusammen abgemaschten Stäbchen, 1 halbes Doppelstäbchen in die 3. Ersatz-Luftmasche der 4. Reihe arbeiten.

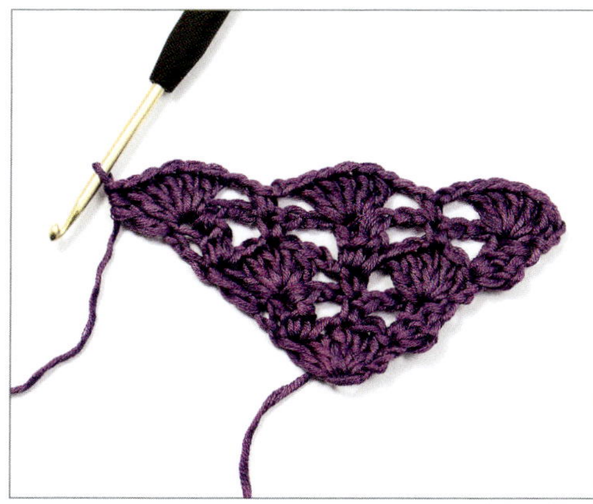

6.–8. REIHE

Arbeit jeweils wenden und Zeichen für Zeichen laut Häkelschrift arbeiten.
Nach der 8. Reihe den Mustersatz (grau unterlegte Fläche) und die 5.–8. Reihe bis zur Wunschgröße des Tuches stets wiederholen. Dabei in jeder Reihe mit den Maschen vor dem Mustersatz beginnen, dann den Mustersatz stets wiederholen, enden mit den Maschen nach dem Mustersatz.

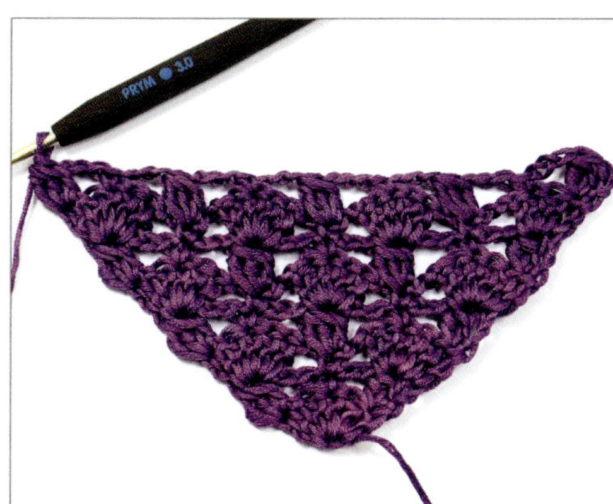

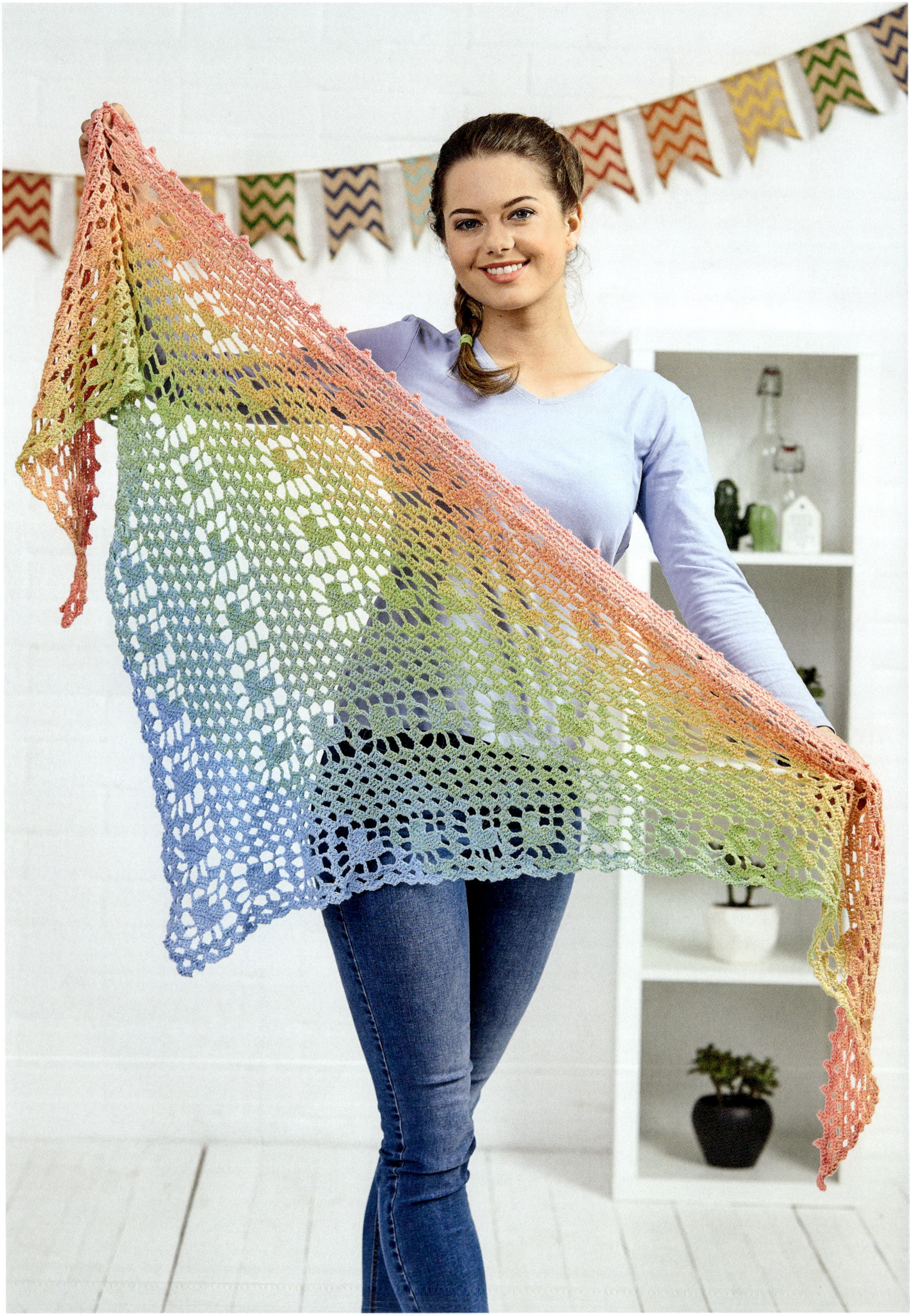

TUCH

Umarmte Herzen

Größe: 210 x 85 cm

MATERIAL

- Woolly Hugs BOBBEL-COTTON (50 % Baumwolle, 50 % Polyacryl, Lauflänge ca. 800 m/200 g) von L&K (www.VeronikaHug.com): 1 BOBBEL in Wunschfarbe (Original in Farbe Nr. 17)
- 1 Häkelnadel Nr. 3,5–4

Maschenprobe
21 Maschen und 10 Reihen = 10 x 10 cm

SO WIRD´S GEMACHT

An der unteren Spitze beginnend 4 Luftmaschen + 2 Steige-Luftmaschen für die Höhe der 1. Reihe anschlagen. Dann je 1 Stäbchen in die 4.–1. Luftmasche häkeln (= **1. Reihe** der Häkelschrift 1). Anschließend für die **2. Reihe** 3 Luftmaschen + 2 Steige-Luftmaschen für die Höhe häkeln und die Arbeit wenden. Je 1 Stäbchen in die 3.–1. Luftmasche und 1 Stäbchen auf das 4. Stäbchen der 1. Reihe arbeiten. Nun laut Häkelschrift die 2. Reihe beenden.
Dann die **3.–21. Reihe** laut Häkelschrift 1 arbeiten. Anschließend die **10.–21. Reihe** stets wiederholen. Die Zunahmen beidseitig wie eingezeichnet ausführen und systematisch fortsetzen. So lange häkeln, bis nur noch 2 Farbflächen vom BOBBEL übrig sind. Danach das Muster bis zur 20. Reihe der Häkelschrift 1 fortführen und für den Abschluss an der oberen Kante mit dem Rest des BOBBELs die **21.–23. Reihe** laut Häkelschrift 2 arbeiten. Zur besseren Übersicht ist die 17.–20. Reihe unter der Häkelschrift mit eingezeichnet. Dann enden.

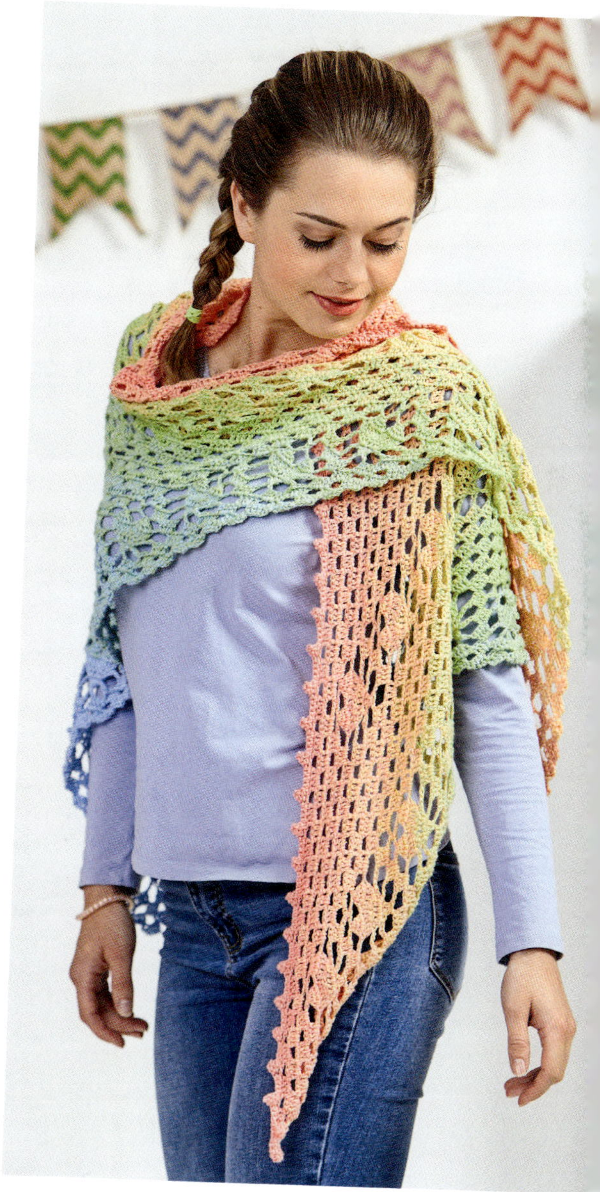

Häkelschrift 1

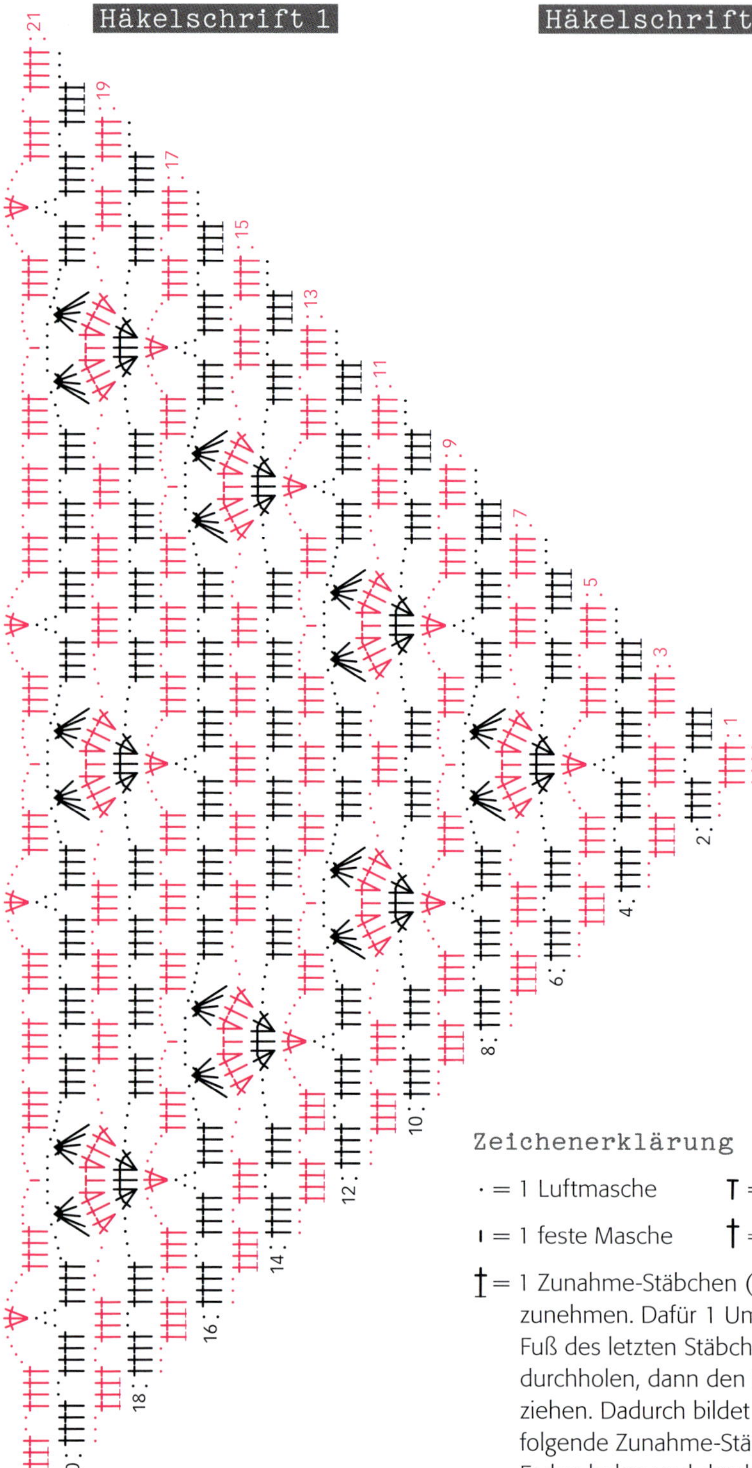

Häkelschrift 2

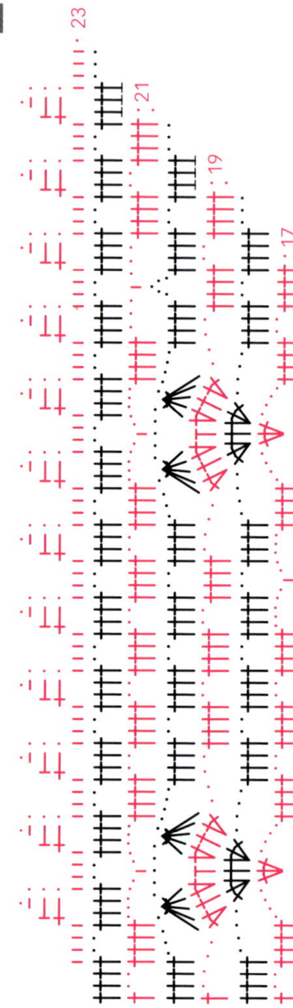

Zeichenerklärung

· = 1 Luftmasche

T = 1 halbes Stäbchen

ı = 1 feste Masche

† = 1 Stäbchen

† = 1 Zunahme-Stäbchen (= am Ende der Reihe 1 Stäbchen zunehmen. Dafür 1 Umschlag um die Nadel legen, in den Fuß des letzten Stäbchens einstechen und den Faden durchholen, dann den Faden holen und durch 1 Schlinge ziehen. Dadurch bildet sich 1 Luftmasche, in die das folgende Zunahme-Stäbchen eingehäkelt wird. Dann den Faden holen und durch 2 Schlingen ziehen und nochmals den Faden holen und durch 2 Schlingen ziehen.

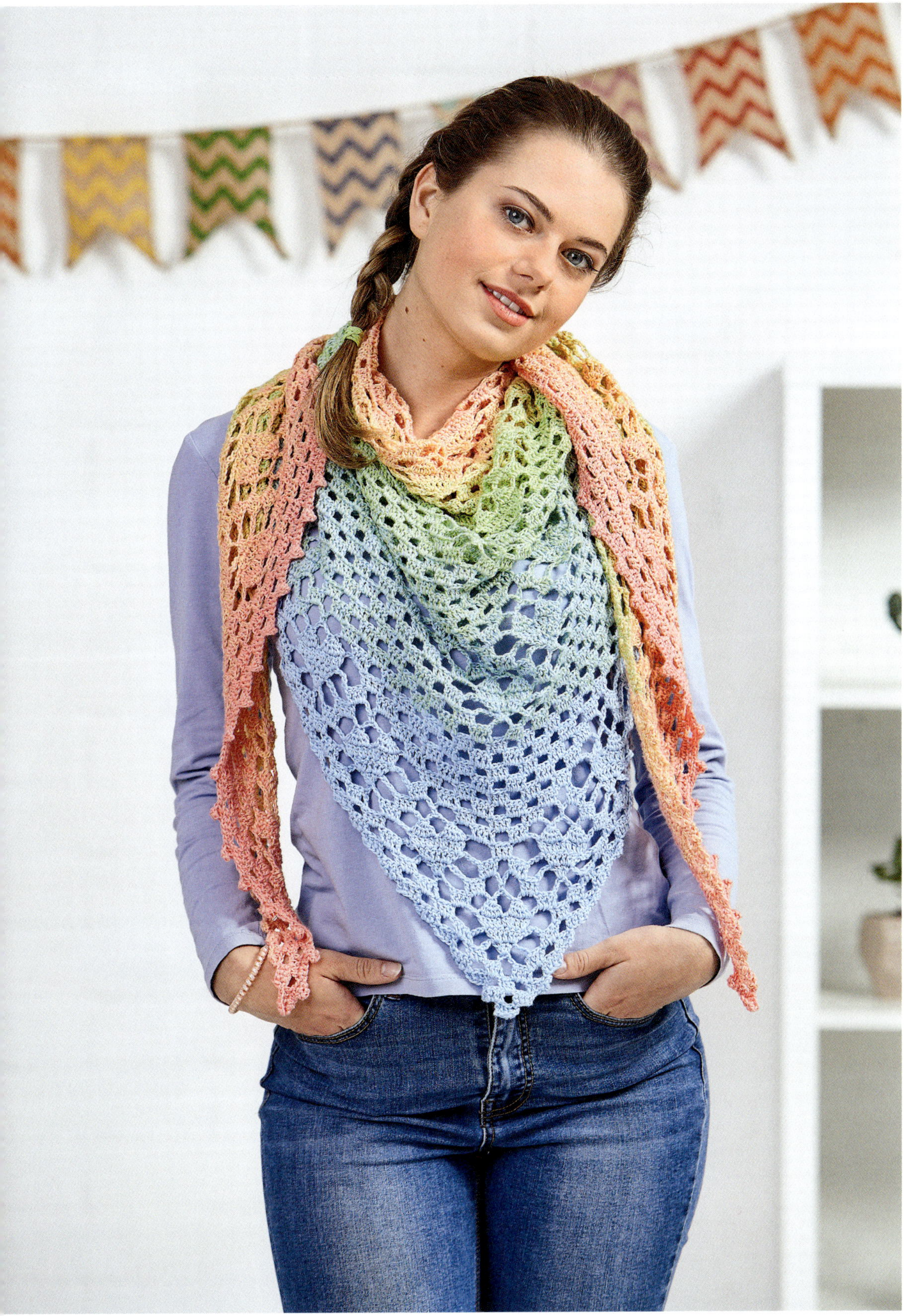

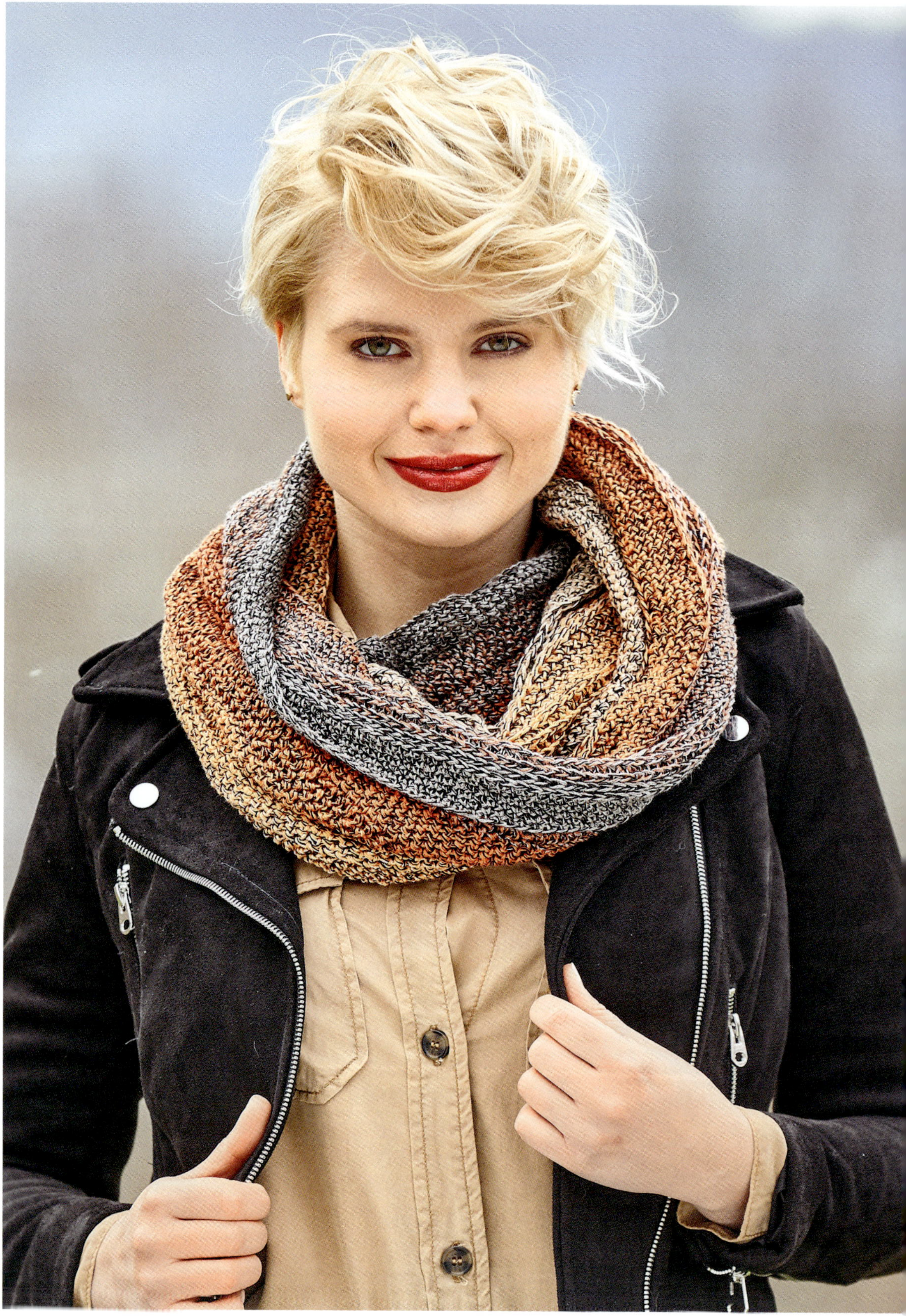

LOOP

Stripes & Easy

Größe: 29 cm hoch,
160 cm Umfang

MATERIAL

- Woolly Hugs BOBBEL-COTTON XTRA (50 % Baumwolle, 50 % Polyacryl, Lauflänge ca. 800 m/200 g) von L&K (www.VeronikaHug.com): 1 BOBBEL in Wunschfarbe (Original in Farbe Nr. 304)
- 1 Häkelnadel Nr. 3,5–4

Maschenprobe
16 Maschen und 16 Reihen = 10 x 10 cm

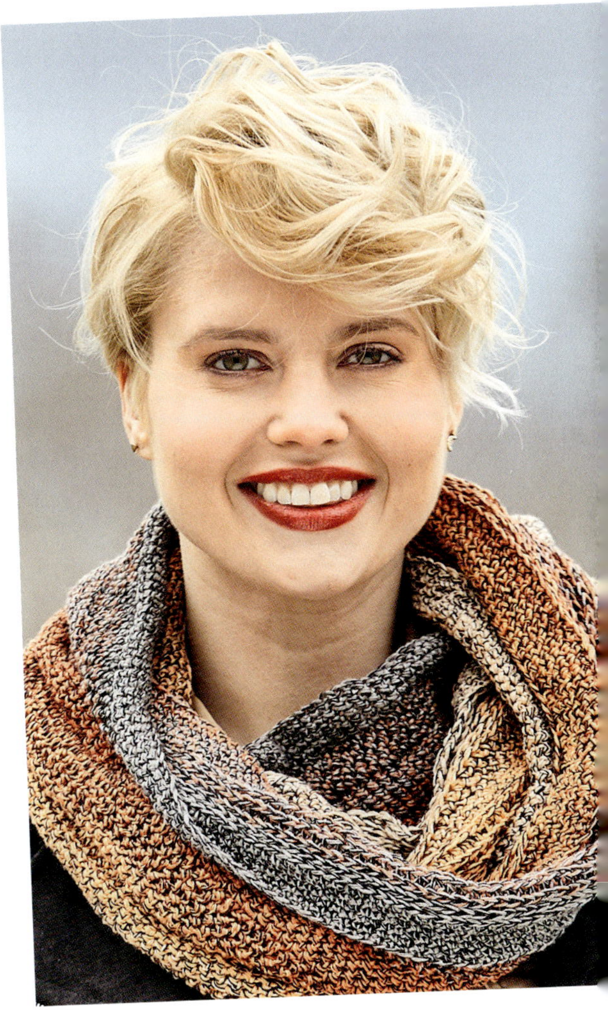

SO WIRD´S GEMACHT

256 Luftmaschen anschlagen, mit 1 Kettmasche zur Runde schließen und 5 Runden feste Maschen häkeln. Dabei jede Runde mit 1 zusätzlichen Steige-Luftmasche für die Höhe beginnen und mit 1 Kettmasche in die 1. feste Masche schließen. * Anschließend 1 Runde halbe Stäbchen häkeln. Danach 4 Runden halbe Stäbchen häkeln, dabei stets auf der Rückseite der Arbeit in das quer liegende Maschenglied des darunterliegenden halben Stäbchens einstechen. Auch hier jede Runde mit 1 zusätzlichen Steige-Luftmasche beginnen und mit 1 Kettmasche in das 1. halbe Stäbchen schließen. Anschließend 1 Runde feste Maschen in das quer liegende Maschenglied des darunterliegenden halben Stäbchens häkeln. Danach 4 Runden feste Maschen häkeln. Ab * stets wiederholen. Kurz bevor der BOBBEL aufgebraucht ist, mit einer vollständigen Runde enden.

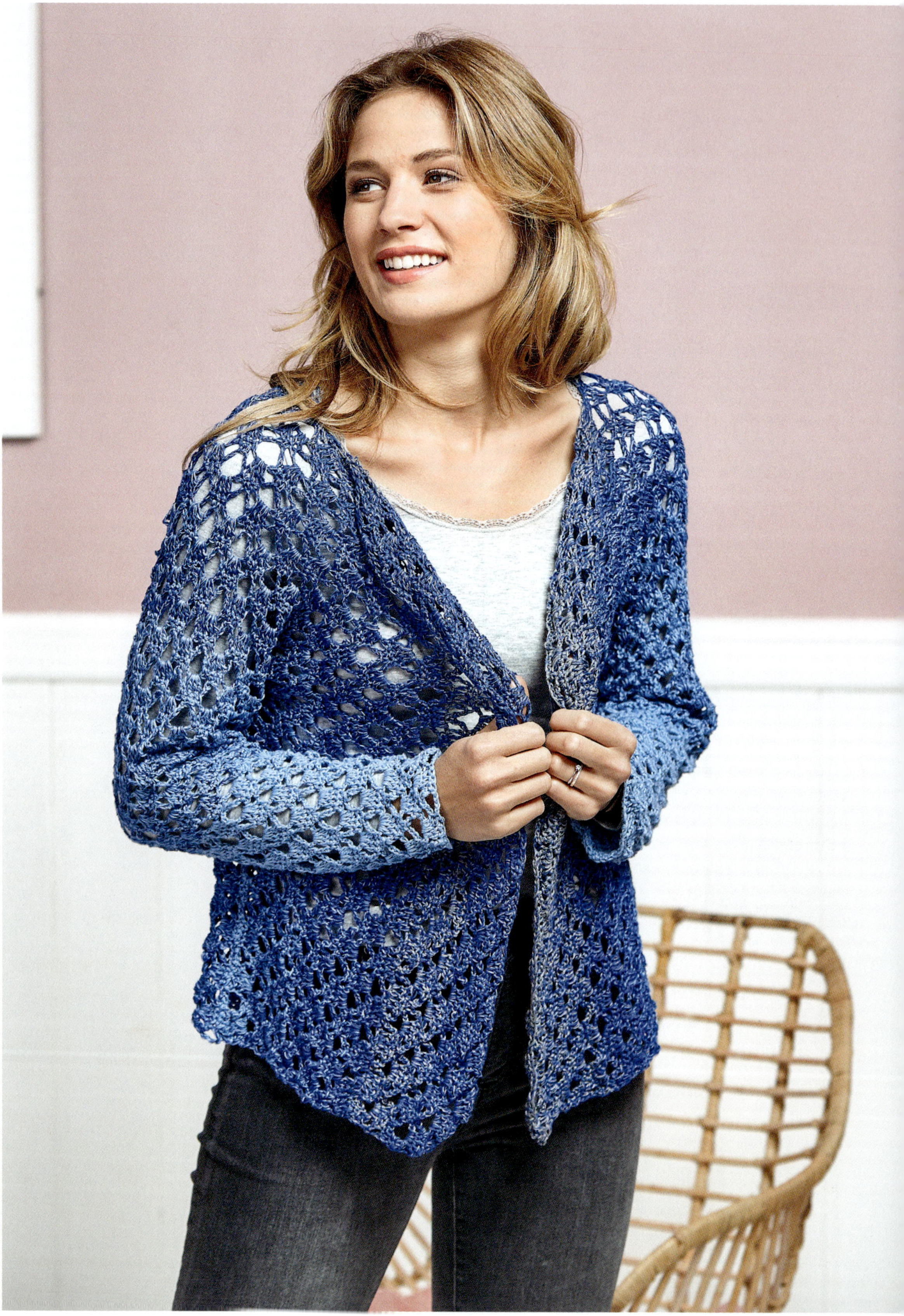

JACKE & SCHAL Relax

Größe – Jacke: 36–40 (42–46) 48–52
Größe – Schal: 170 x 39 cm

MATERIAL

- Woolly Hugs BOBBEL-COTTON XTRA (50 % Baumwolle, 50 % Polyacryl, Lauflänge ca. 800 m/200 g) von L&K (www.VeronikaHug.com): 2 BOBBEL in Wunschfarbe (Original in Farbe Nr. 308)
- 1 Häkelnadel Nr. 3,5–4

Hinweis: Bei der größten Größe benötigt man für den Schal einen 3. BOBBEL.

Grundmuster

Laut Häkelschrift 1 arbeiten. Die Maschenzahl muss durch 8 teilbar sein. Mit den Maschen vor dem Mustersatz (MS) beginnen, den MS stets wiederholen, enden mit den Maschen nach dem MS. Die **1.–5. Reihe** 1 x arbeiten, dann die **2.–5. Reihe** stets wiederholen.

Maschenprobe im Grundmuster

2 Mustersätze = 9 cm breit; 17,5 Maschen und 9 Reihen = 10 x 10 cm

SO WIRD´S GEMACHT

JACKE

Hinweis: Die Jacke wird quer von Ärmelkante zu Ärmelkante an einem Stück gehäkelt.

Mit dem 1. BOBBEL von innen nach außen beginnen. 48 (64) 80 Luftmaschen anschlagen und im Grundmuster häkeln. Für die Ärmelschrägungen ab Anschlag beidseitig insgesamt 16 x in jeder 2. Reihe je 1 Masche zunehmen = 80 (96) 112 Maschen. Die zugenommenen Maschen nach und nach in das Muster einfügen. Wie das gemacht wird, zeigt die Häkelschrift 2. Hier die **1.–10. Reihe** 1 x arbeiten, dann die **5.–10. Reihe** stets wiederholen, bis 32 Reihen gehäkelt sind. Nun sind rechts und links insgesamt 2 Mustersätze zugenommen. Nach 38 cm ab Anschlag für die Seitenkanten beidseitig je 56 (72) 76 Luftmaschen neu anschlagen und in das Muster mit einfügen = 192 (240) 264 Maschen.
Für den Halsausschnitt nach 18 (22) 26 cm ab Seitenkante die Arbeit in der Mitte teilen und über 12 (12) 14 cm jeweils getrennt bis zur Mitte des Halsausschnittes häkeln. Danach ist die Mitte der Jacke erreicht. Über den ersten 96 (120) 132 Maschen das im Tragen rechte Vorderteil nun beenden. Über den letzten 96 (120) 132 Maschen für das Rückenteil nach 12 (12) 14 cm ab Teilung den 2. BOBBEL gegengleich anhäkeln. **Hinweis:** Sollte vom 1. BOBBEL noch nicht alles Garn aufgebraucht sein, den Rest wiegen und dann beim 2. BOBBEL die gleiche Menge abwickeln und danach erst mit dem Häkeln beginnen.
Das Rückenteil gegengleich beenden. Also zunächst weitere 12 (12) 14 cm getrennt häkeln und stilllegen. Für das im Tragen linke Vorderteil 96 (120) 132 Luftmaschen anschlagen und 12 (12) 14 cm häkeln. Anschließend über alle 192 (240) 264 Maschen wieder 18 (22) 26 cm im Zusammenhang arbeiten. Danach seitlich je 56 (72) 76 Maschen unbehäkelt lassen und für die Ärmelschrägungen folgend 16 x in jeder 2. Reihe beidseitig 1 Masche abnehmen. Nach 38 cm ab Ärmelbeginn enden.

Fertigstellung: Seiten- und Ärmelnähte schließen.

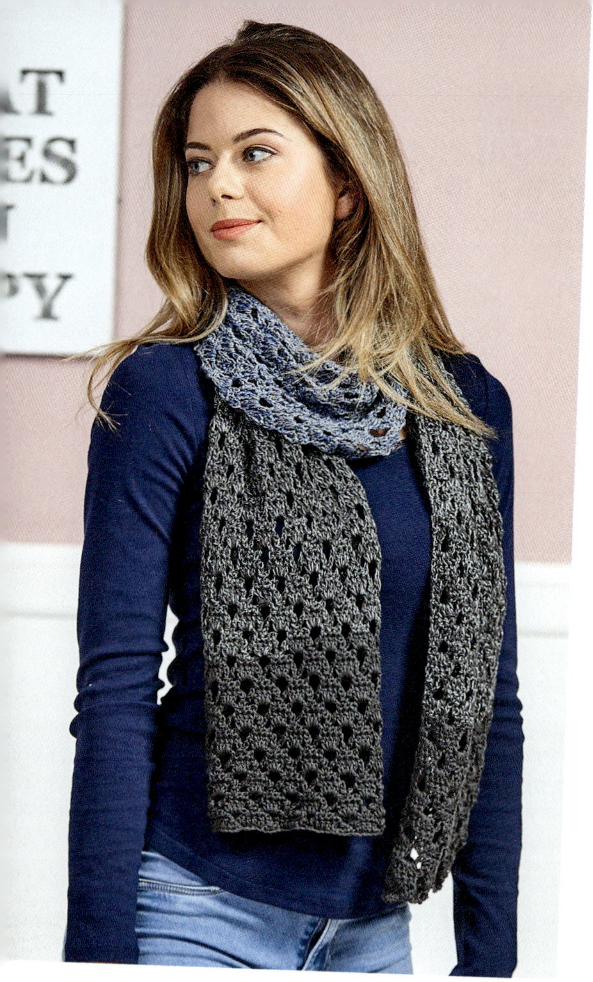

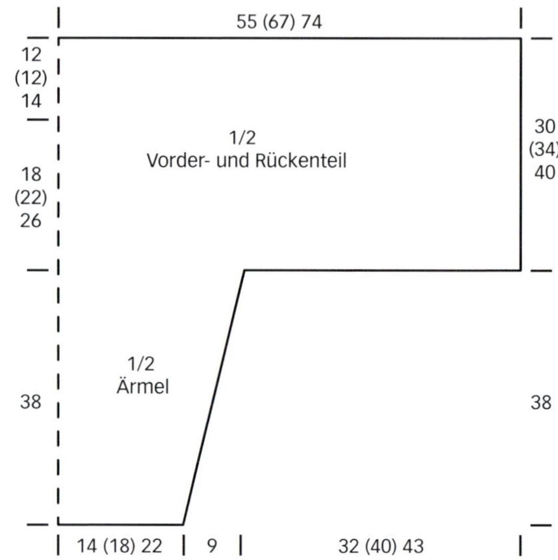

SCHAL

Mit den Resten der BOBBEL 72 Luftmaschen anschlagen und im Grundmuster häkeln. Nach 170 cm ab Anschlag oder in Wunschlänge enden.

Häkelschrift 1

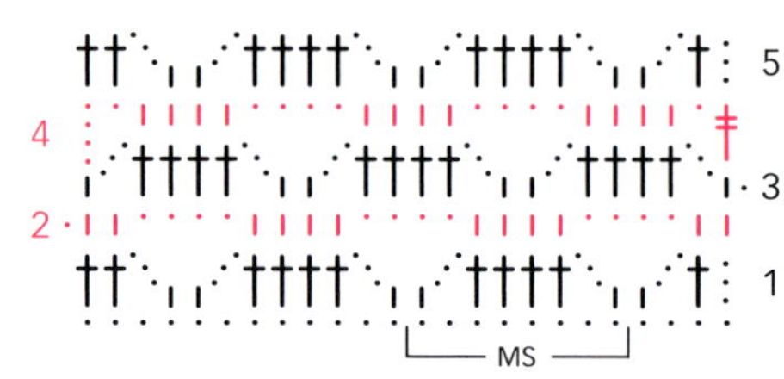

Häkelschrift 2

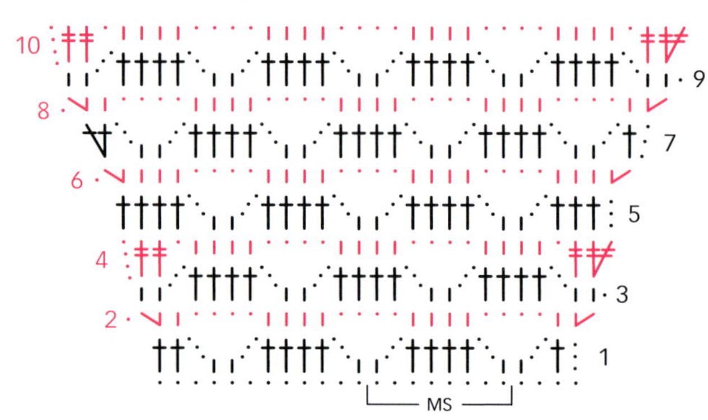

Zeichenerklärung

· = 1 Luftmasche

ı = 1 feste Masche

† = 1 Stäbchen

‡ = 1 Doppelstäbchen

Laufen die Zeichen unten zusammen, die Maschen in 1 Einstichstelle arbeiten.

PONCHO Trilogie

Einheitsgröße: 36–42 (44–50)

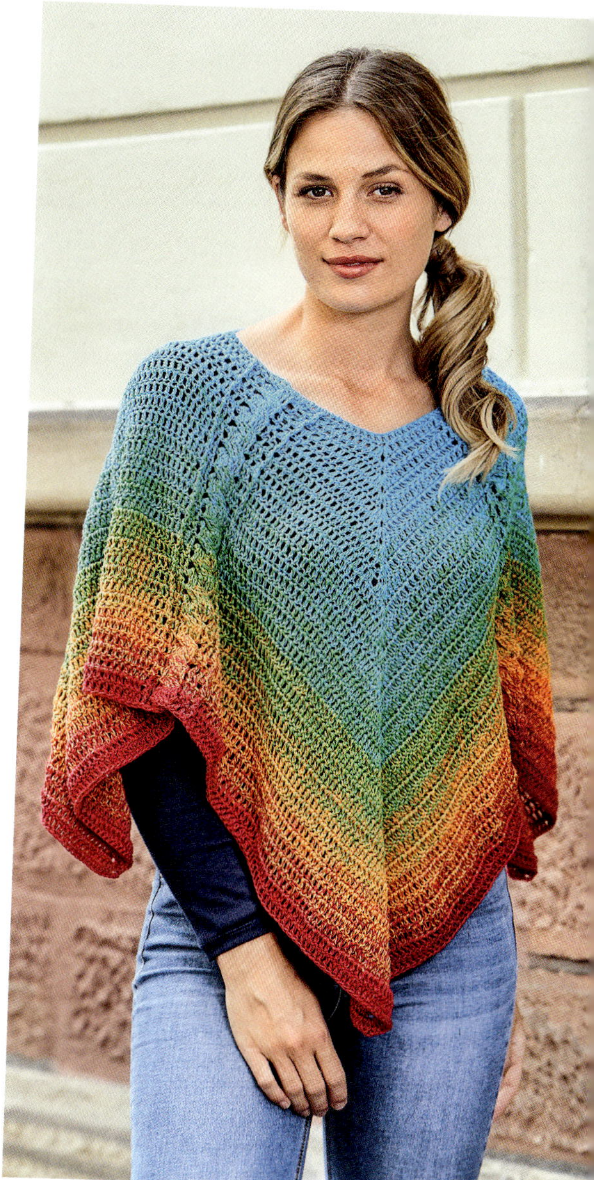

MATERIAL

- Woolly Hugs BOBBEL-COTTON (50 % Baumwolle, 50 % Polyacryl, Lauflänge ca. 800 m/200 g) von L&K (www.VeronikaHug.com): 1 (2) BOBBEL in Wunschfarbe (Original in Farbe Nr. 16)
- 1 Häkelnadel Nr. 3,5–4
- 1 Maschenmarkierer

Maschenprobe
17 Maschen und 8,5 Reihen = 10 x 10 cm

Hinweis: Der BOBBEL kann wunschgemäß von innen oder von außen verwendet werden. Wird ein 2. BOBBEL benötigt, diesen entsprechend farblich passend gegengleich anhäkeln.

SO WIRD´S GEMACHT

Am Halsausschnitt beginnend 129 Luftmaschen anschlagen und mit 1 Kettmasche zur Runde schließen. 3 Luftmaschen als Ersatz für das 1. Stäbchen häkeln und laut Häkelschrift weiterarbeiten. Die 43 Maschen vom Rundenschluss bis zur folgenden Ecke insgesamt 3 x arbeiten. Dann die Runde wieder mit 1 Kettmasche in die oberste Ersatz-Luftmasche schließen. Mit 1 Kettmasche zum Rundenbeginn der 2. Runde vor gehen, 3 Luftmaschen als Ersatz für das 1. Stäbchen häkeln und die Arbeit wenden. Anschließend die **2. Runde** laut Häkelschrift arbeiten. Danach die **3. und 4. Runde** ebenfalls laut Häkelschrift arbeiten und nach jeder Runde die Arbeit wenden, damit sich der Rundenbeginn nicht verschiebt. Die Pfeile rechts der Häkelschrift zeigen die Arbeitsrichtung an.

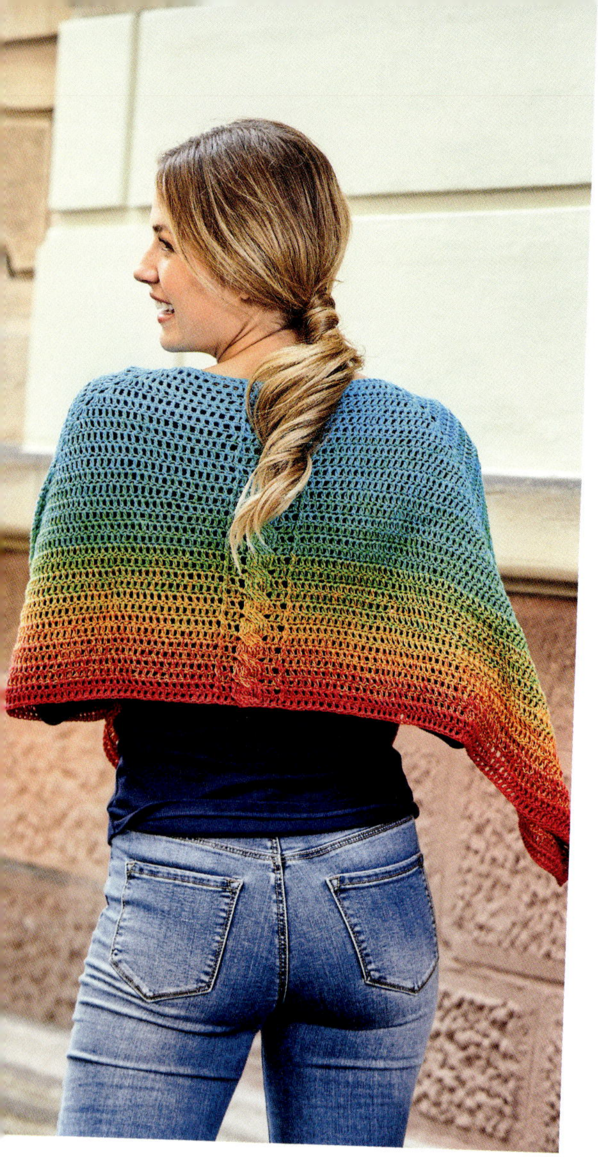

Anschließend die **3.–4. Runde** stets wiederholen, dabei die Zunahmen wie eingezeichnet systematisch fortsetzen. Kurz bevor der BOBBEL aufgebraucht ist (nach ca. 38 cm ab Anschlag), mit einer vollständigen Runde enden. Bei Verwendung von 2 BOBBELn in Wunschlänge (wir empfehlen mindestens nach 50 cm ab Anschlag) enden.

Zeichenerklärung

- · = 1 Luftmasche
- ⌒ = 1 Kettmasche
- – = 1 feste Masche zum Rundenschluss
- † = 1 Stäbchen
- ∀ = 2 Stäbchen in 1 Einstichstelle
- = 1 Reliefstäbchen von vorn
- = 1 Reliefstäbchen von hinten
- = 8 Reliefstäbchen verzopfen (= 4 Maschen übergehen, je 1 Reliefstäbchen von vorn um die folgenden 4 Maschen, je 1 Reliefstäbchen von vorn zurück um die 4 übergangenen Maschen)

Häkelschrift

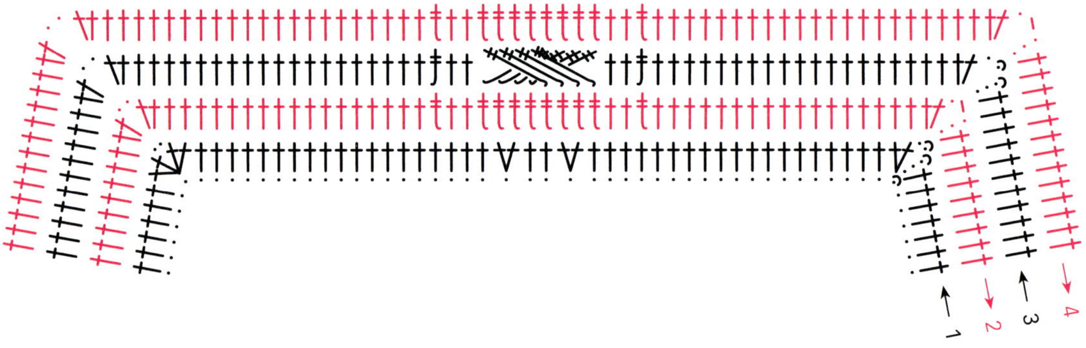

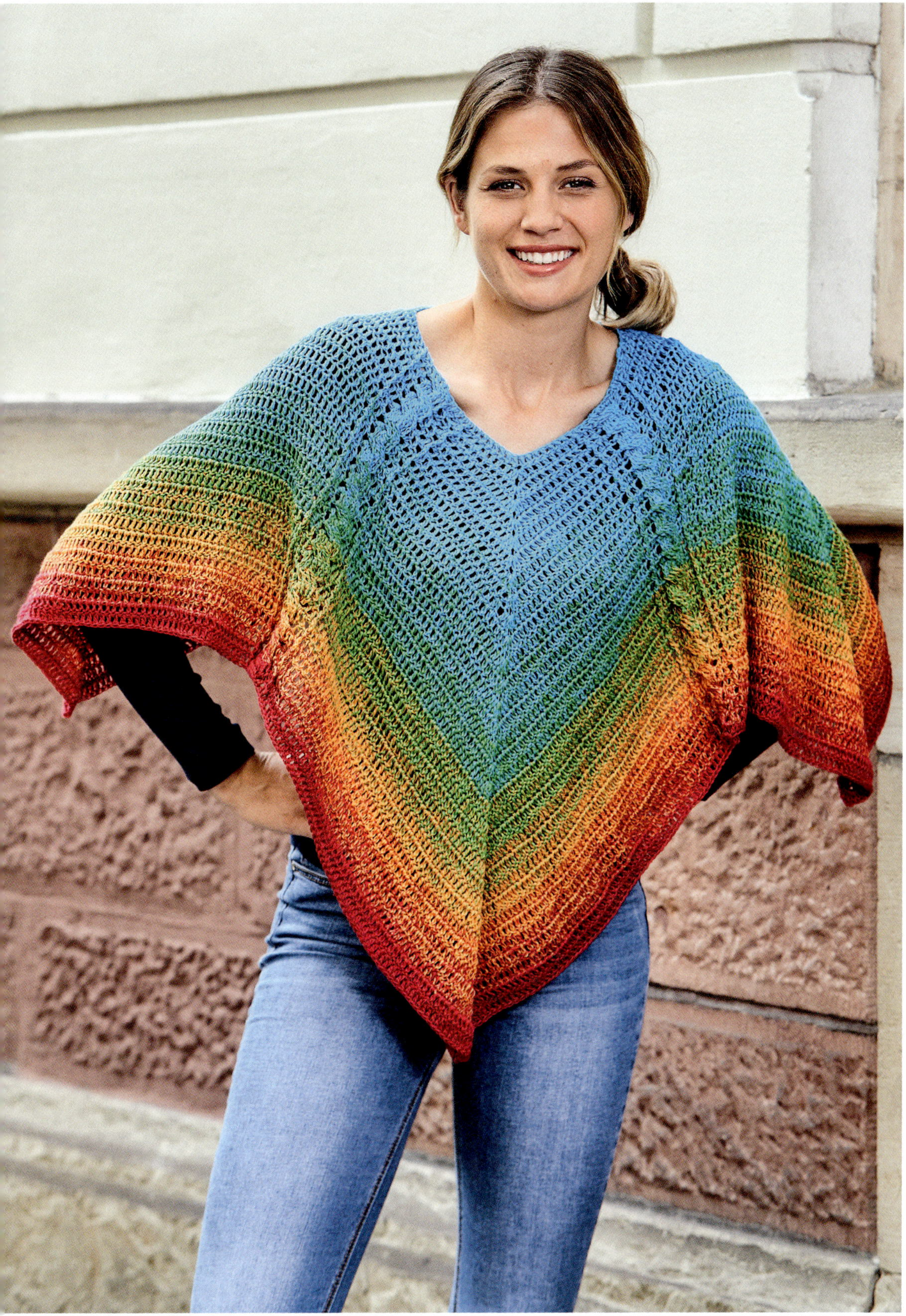

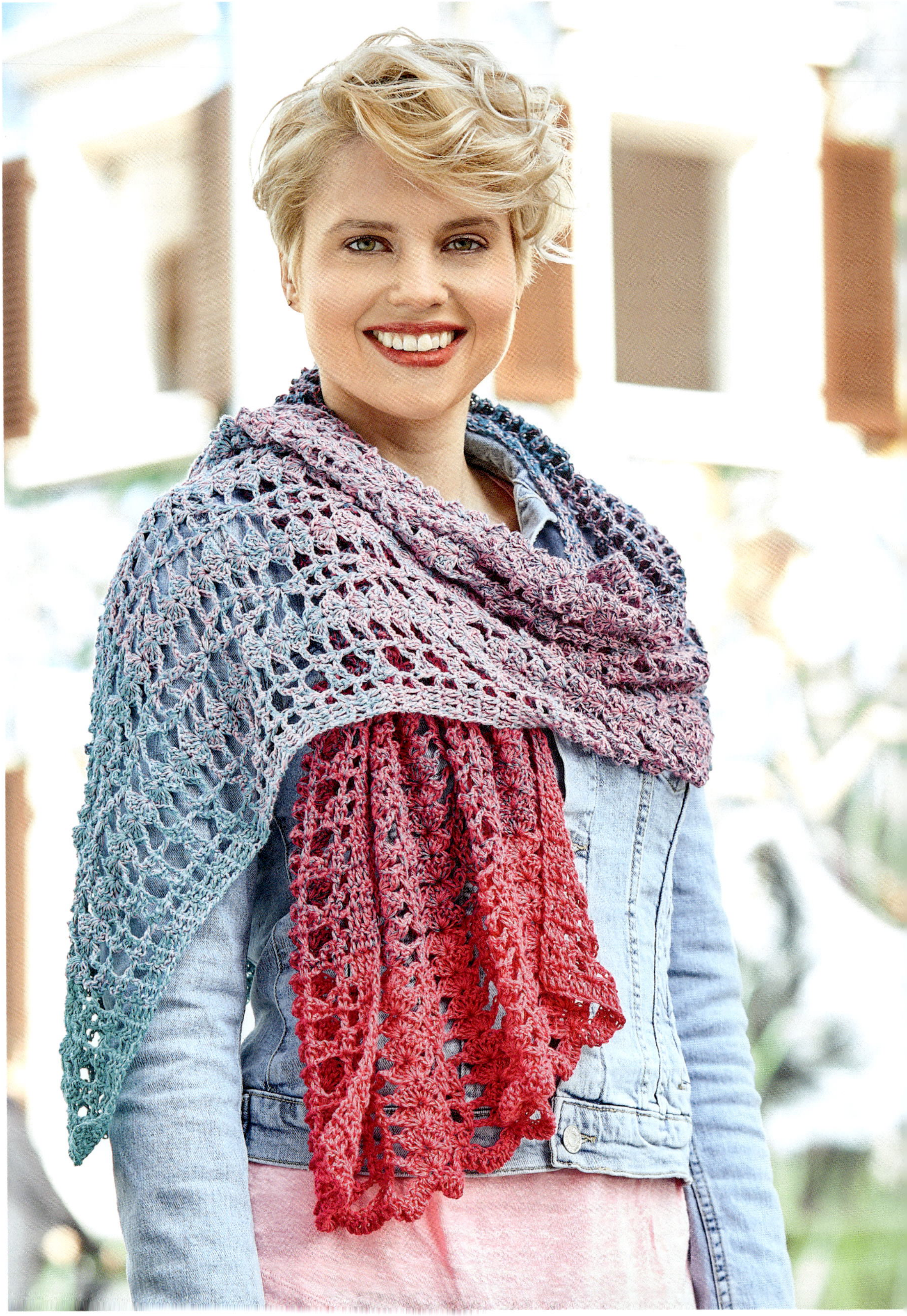

STOLA Fortuna quer gehäkelt

Größe: 170 x 40 cm

MATERIAL

- Woolly Hugs BOBBEL-COTTON (50 % Baumwolle, 50 % Polyacryl, Lauflänge ca. 800 m/200 g) von L&K (www.VeronikaHug.com): 1 BOBBEL in Wunschfarbe (Original in Farbe Nr. 33)
- 1 Häkelnadel Nr. 3,5–4

Grundmuster

Laut Häkelschrift arbeiten. Die Maschenzahl muss durch 18 teilbar sein + 3 zusätzliche Maschen, damit das Muster rechts und links aufgeht. In der Breite mit den Maschen vor dem Mustersatz (MS) beginnen, den Mustersatz stets wiederholen, enden mit den Maschen nach dem Mustersatz. In der Höhe die **1.–16. Reihe** 1 x arbeiten, dann die **7.–16. Reihe** stets wiederholen. Abschließend mit der **17. und 18. Reihe** enden.

Maschenprobe

1 ½ Mustersätze = 10 cm breit

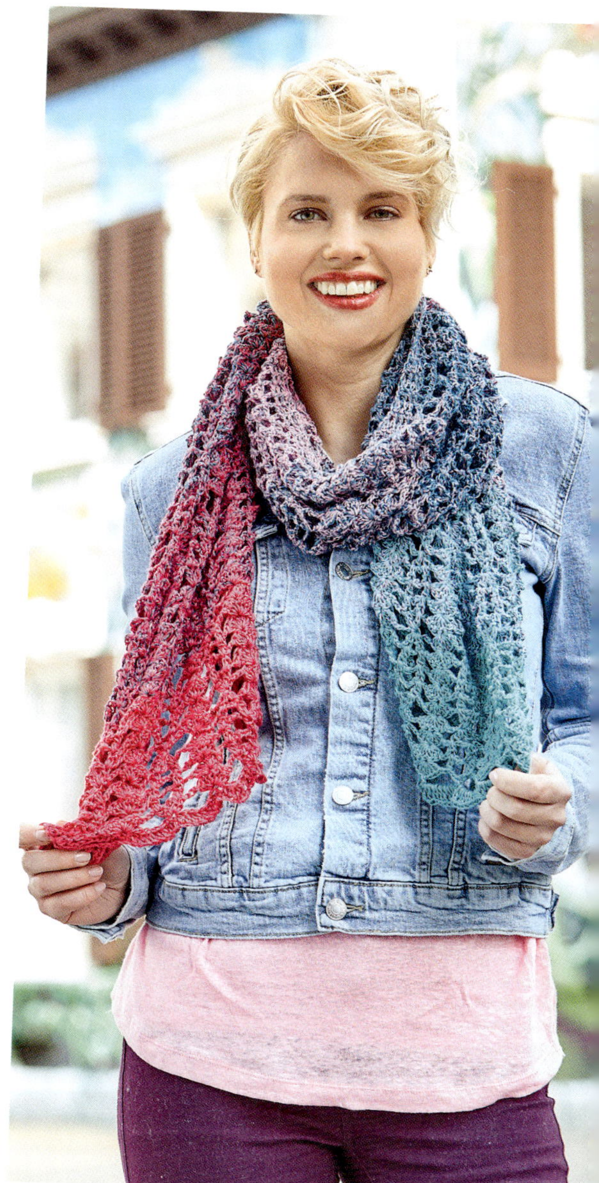

SO WIRD'S GEMACHT

111 Luftmaschen + 3 zusätzliche Luftmaschen für die Höhe der 1. Reihe anschlagen und die Luftmaschenkette mit 111 Stäbchen behäkeln (= **1. Reihe** der Häkelschrift). Danach die **2.–16. Reihe** laut Häkelschrift arbeiten und anschließend die **7.–16. Reihe** stets wiederholen. Kurz bevor der BOBBEL aufgebraucht ist, abschließend nach einer 10. bzw. 16. Reihe der Häkelschrift mit der **17. und 18. Reihe** enden.

Häkelschrift

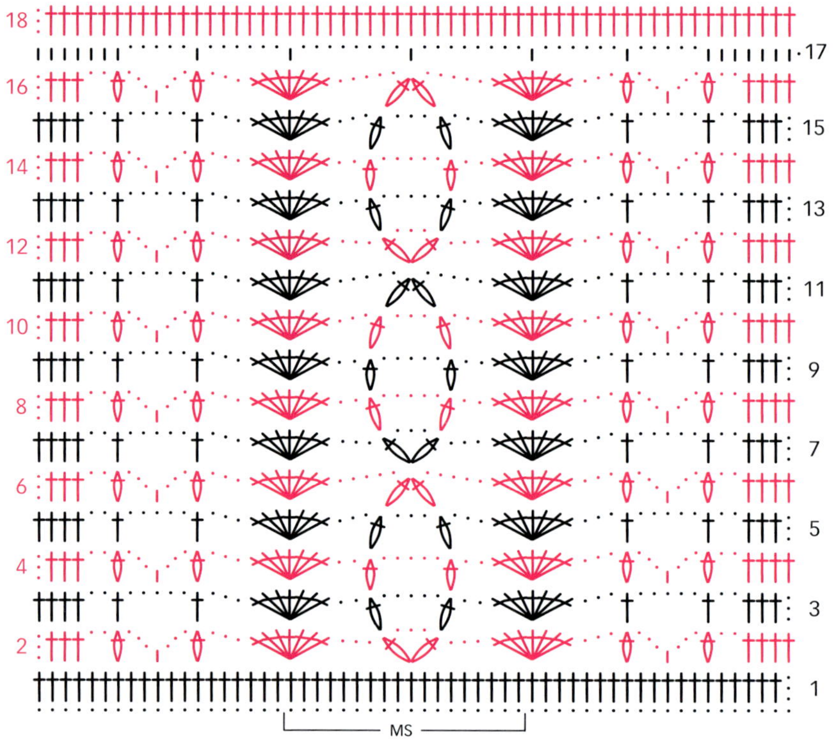

Zeichenerklärung

· = 1 Luftmasche

ᴖ = 1 Kettmasche

ı = 1 feste Masche

† = 1 Stäbchen

MS = Mustersatz

Laufen die Zeichen unten zusammen, die Maschen in 1 Einstichstelle arbeiten. Laufen die Zeichen oben zusammen, die Maschen zusammen abmaschen.

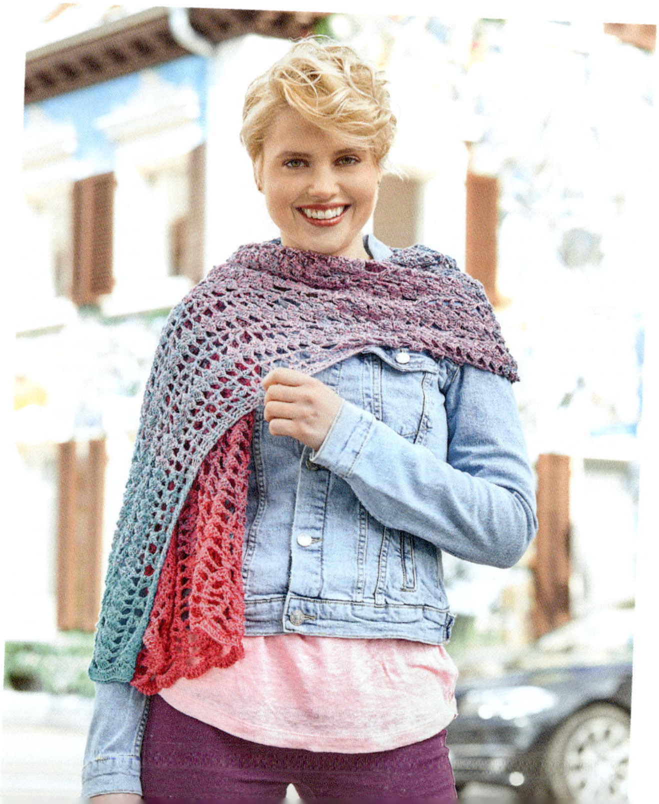

STOLA Fortuna längs gehäkelt

Größe: ca. 170 x 40 cm

MATERIAL

- Woolly Hugs BOBBEL-COTTON XTRA (50 % Baumwolle, 50 % Polyacryl, Lauflänge ca. 800 m/200 g) von L&K (www.VeronikaHug.com): 1 BOBBEL in Wunschfarbe (Original in Farbe Nr. 306)
- 1 Häkelnadel Nr. 3,5–4

Grundmuster, Maschenprobe und Häkelschrift

Siehe Seite 21, Stola Fortuna – quer gehäkelt.

SO WIRD´S GEMACHT

453 Luftmaschen + 3 zusätzliche Luftmaschen für die Höhe der 1. Reihe anschlagen und die Luftmaschenkette mit 453 Stäbchen behäkeln (= **1. Reihe** der Häkelschrift). Danach die **2.–16. Reihe** laut Häkelschrift arbeiten und anschließend die **7.–16. Reihe** stets wiederholen. Kurz bevor der BOBBEL aufgebraucht ist, abschließend nach einer 10. bzw. 16. Reihe der Häkelschrift mit der **17. und 18. Reihe** enden.

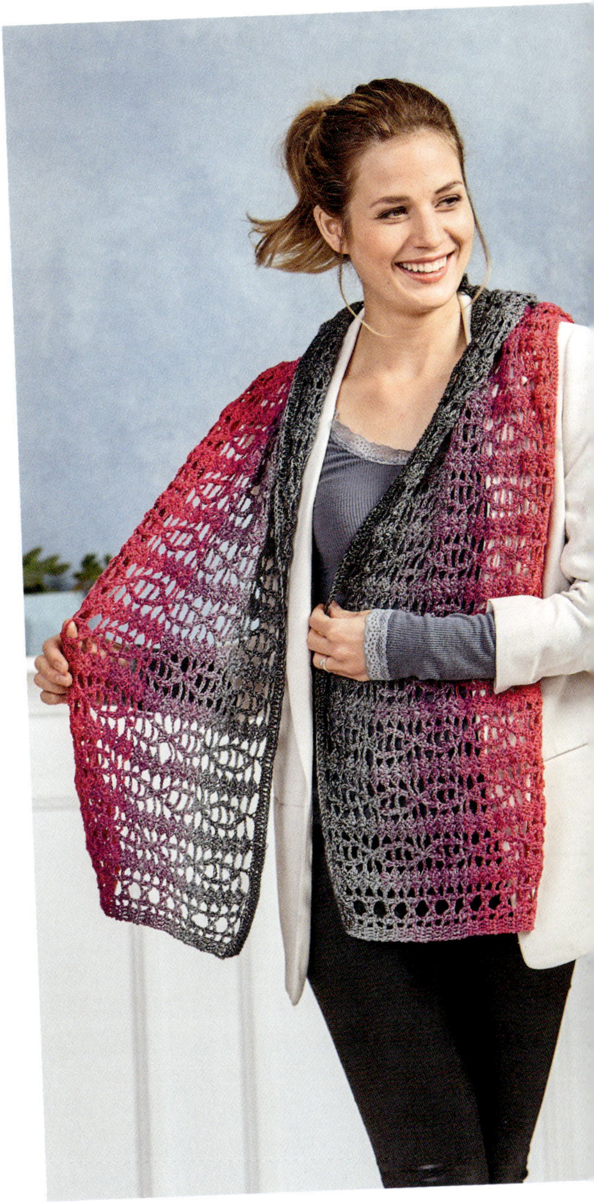

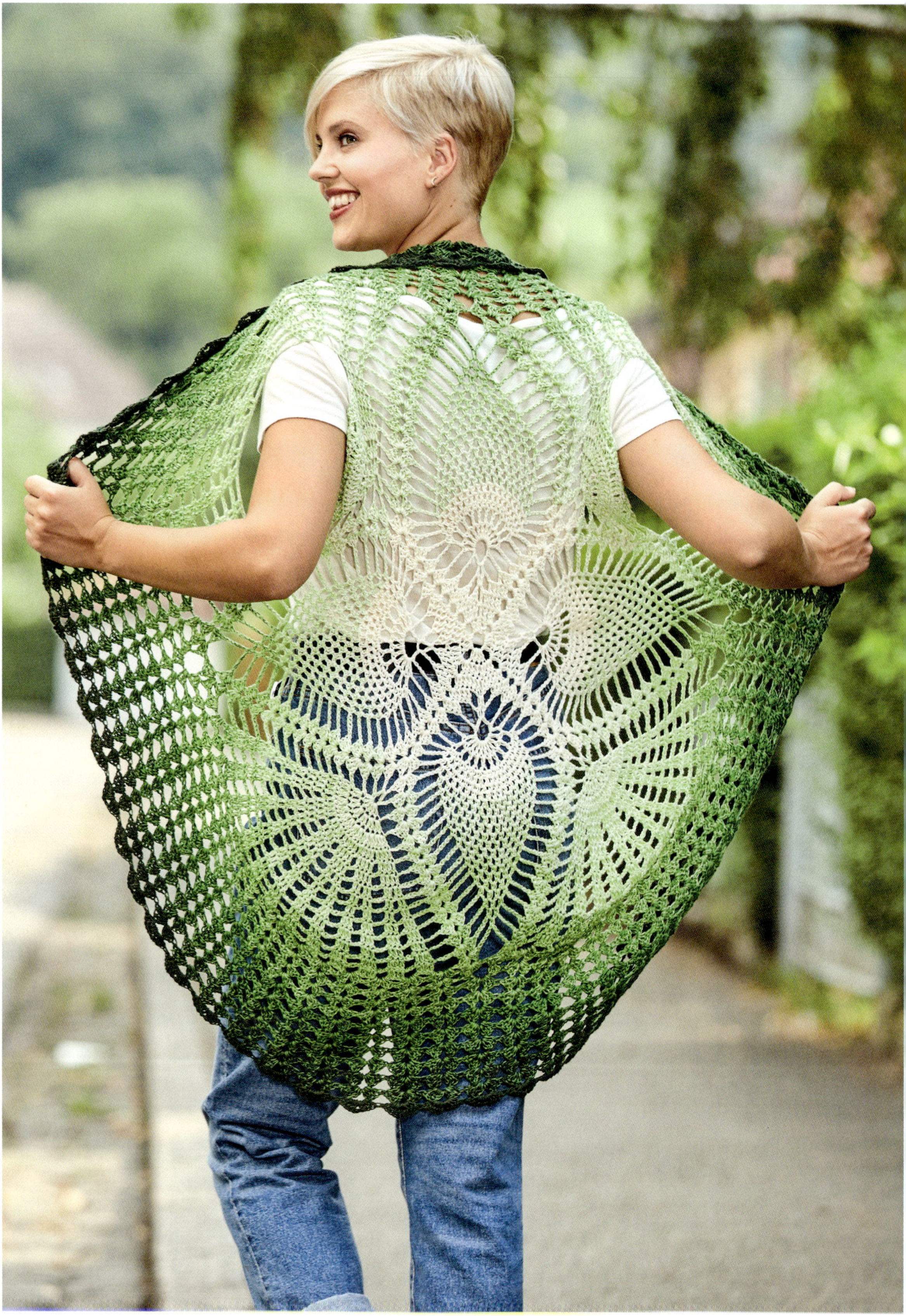

HÄKELWESTE Spektakolo

Größe: 36–42 (44–50)

MATERIAL

- Woolly Hugs BOBBEL-COTTON (50 % Baumwolle, 50 % Polyacryl, Lauflänge ca. 800 m/200 g) von L&K (www.VeronikaHug.com): 1 (2) BOBBEL in Wunschfarbe (Original in Farbe Nr. 30)
- 1 Häkelnadel Nr. 3,5–4

Hinweis: Der BOBBEL kann wunschgemäß von innen oder von außen verwendet werden. Wird ein 2. BOBBEL benötigt, diesen entsprechend farblich passend gegengleich anhäkeln.

Maschenprobe

3 Runden ab Anschlag = 9 x 9 cm

SO WIRD´S GEMACHT

In der hinteren Mitte beginnend 10 Luftmaschen anschlagen und mit 1 Kettmasche zur Runde schließen. Dann 3 Luftmaschen als Ersatz für das 1. Stäbchen häkeln und in den Luftmaschenring 1 Stäbchen häkeln. Danach * 3 Luftmaschen und 4 Stäbchen arbeiten, ab * noch 2 x wiederholen, enden mit 3 Luftmaschen, 2 Stäbchen und 1 Kettmasche in die oberste Ersatz-Luftmasche (= **1. Runde** der Häkelschrift). Anschließend die **2.–17. (2.–18.) Runde** laut Häkelschrift 1 arbeiten.

Hinweis: Zur besseren Übersicht ist zunächst die ganze Häkelschrift über alle 4 Segmente gezeigt. Da diese sehr groß ist, wird ab der 4. Reihe nur noch ein Teil der Weste dargestellt. Die restlichen Segmente sinngemäß behäkeln.

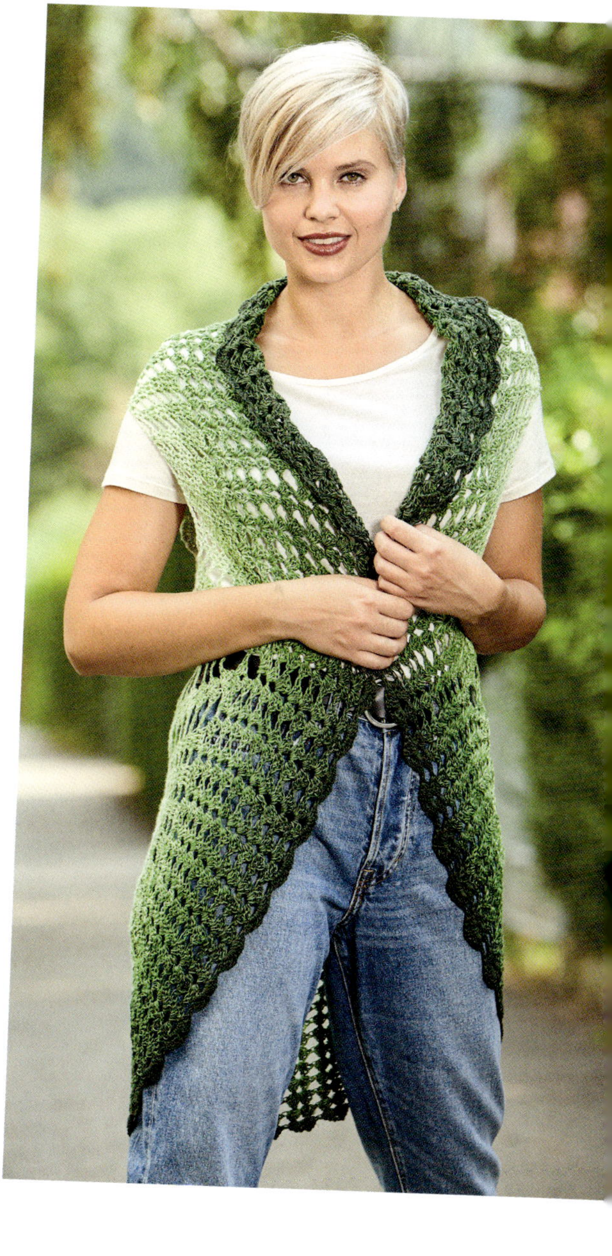

Häkelschrift 1

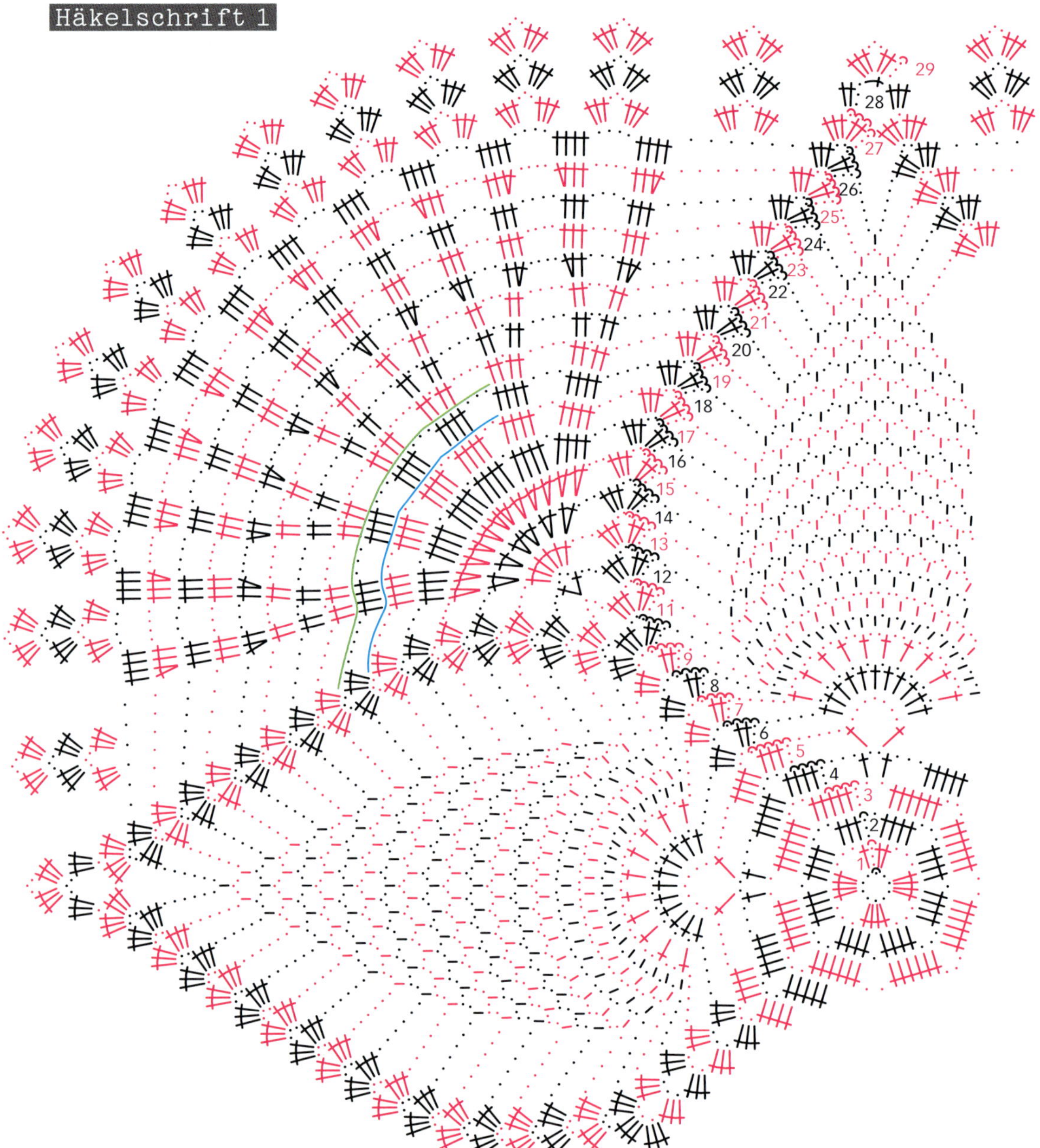

Zeichenerklärung

· = 1 Luftmasche ı = 1 feste Masche

⌒ = 1 Kettmasche † = 1 Stäbchen

Laufen die Zeichen unten zusammen,
die Maschen in 1 Einstichstelle arbeiten.

Armausschnitte: Nach 17 (18) Runden ab Anschlag für den im Tragen linken Armausschnitt die Maschen an der blau (grün) eingezeichneten Linie mit 33 (41) Luftmaschen überhäkeln. Die folgenden 2 Segmente vollständig laut Häkelschrift behäkeln. Im folgenden Segment den im Tragen rechten Armausschnitt genauso einarbeiten und die Runde beenden. In der folgenden Runde die Luftmaschen über den Armausschnitten wieder in das Muster einfügen. Jede Luftmasche entspricht 1 Luftmasche bzw. 1 Stäbchen der übergangenen Maschen. Anschließend die **18.–29. (19.–29.) Runde** laut Häkelschrift 1 arbeiten. Dann die **30.–36. Runde** laut Häkelschrift 2 arbeiten, dabei die Runden stets sinngemäß beenden. Danach wie folgt weiterarbeiten: Für die kleinere Größe in der **37. Runde** in jedem 2. Segment statt 4 Stäbchen stets 5 Stäbchen häkeln, danach enden. Für die größere Größe in der **37.–39. Runde** zwischen jedem 2. Mustersatz (MS) 1 Luftmasche arbeiten. In der **40.–42. Runde** zwischen jedem MS 1 Luftmasche arbeiten. In der **43.–45. Runde** zwischen jedem 2. MS 2 Luftmaschen arbeiten. In der **46.–48. Runde** zwischen jedem MS 2 Luftmaschen arbeiten. In der **49. Runde** statt 4 Stäbchen stets 5 Stäbchen häkeln, danach enden.

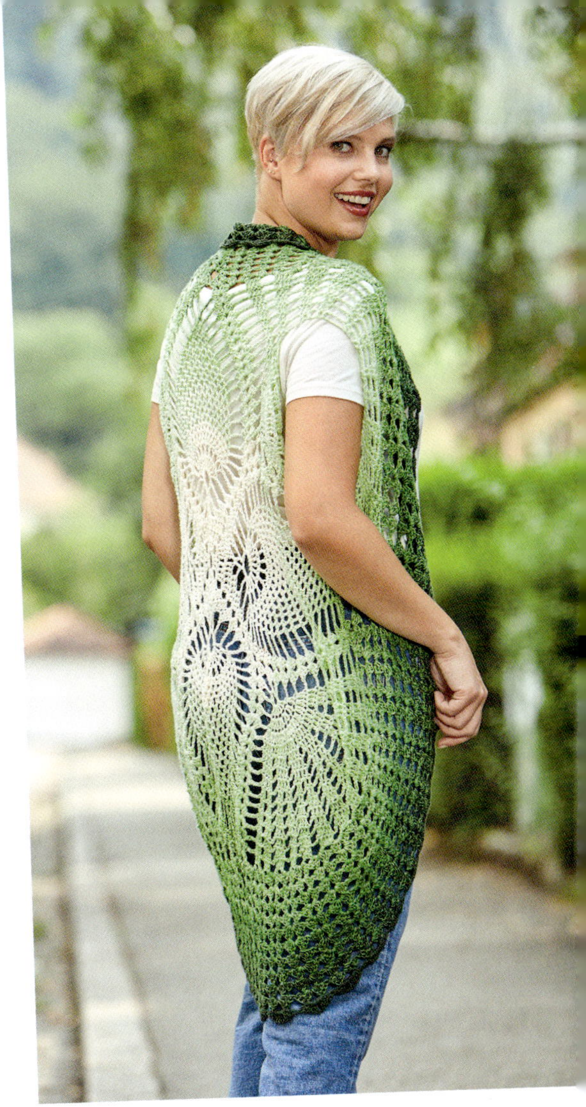

Häkelschrift 2

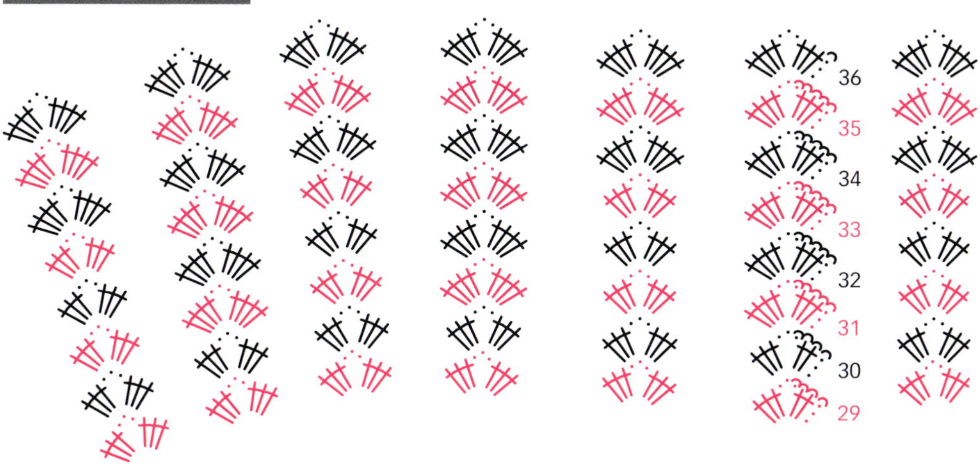

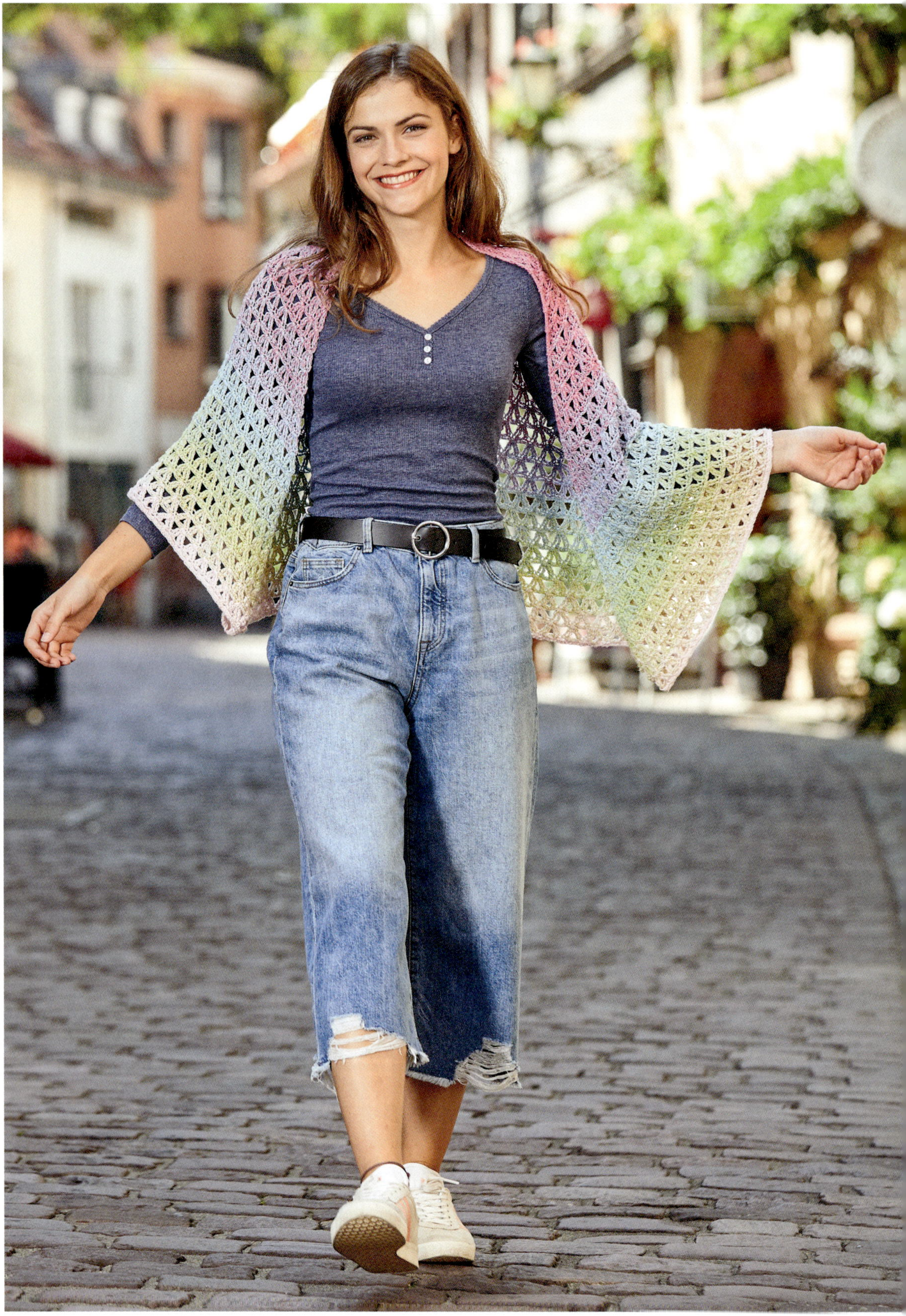

CAPE Aphrodite

Einheitsgröße: Rückenlänge ca. 60 cm

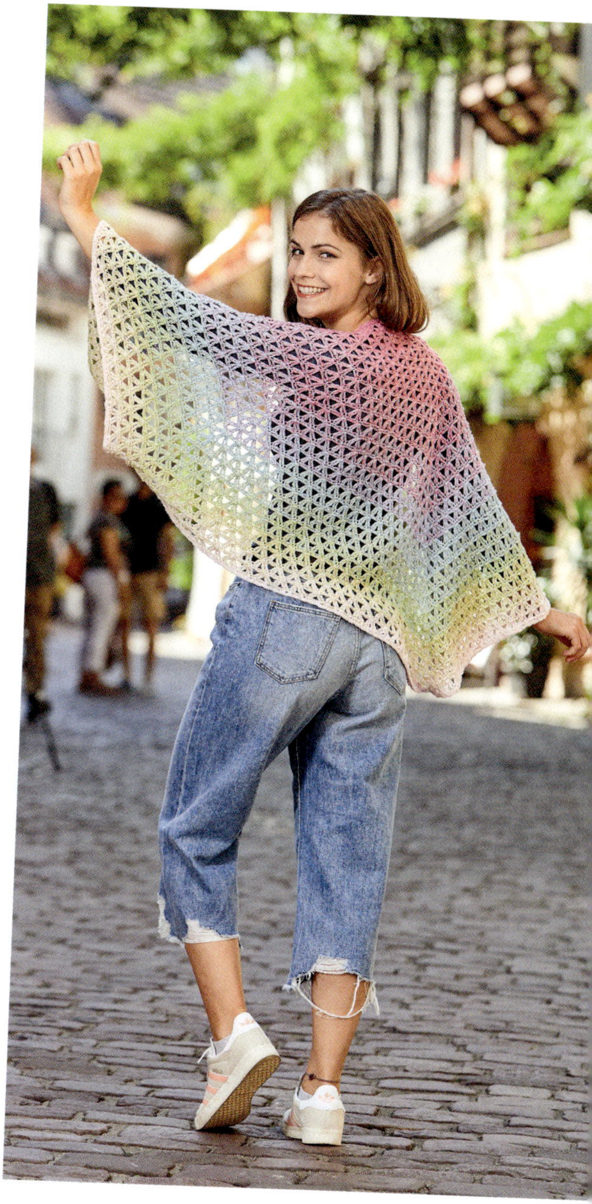

MATERIAL

- Woolly Hugs BOBBEL-COTTON (50 % Baumwolle, 50 % Polyacryl, Lauflänge ca. 800 m/200 g) von L&K (www.VeronikaHug.com): 1 BOBBEL in Wunschfarbe (Original in Farbe Nr. 32)
- 1 Häkelnadel Nr. 3,5–4

Maschenprobe

4 Mustersätze und 9,5 Reihen = 10 x 10 cm

SO WIRD´S GEMACHT

An der oberen Nackenmitte beginnend in einen Fadenring 4 Luftmaschen als Ersatz für das 1. Doppelstäbchen und 1 Doppelstäbchen häkeln, dann * 3 Luftmaschen und 2 Doppelstäbchen arbeiten und ab * noch 2 x wiederholen (= **1. Reihe** der Häkelschrift). Anschließend die **2.–7. Reihe** 1 x arbeiten. Es bilden sich 3 Segmente in 1 Reihe. Jeweils nach 2 Reihen wird 1 Mustersatz (bestehend aus 2 Doppelstäbchen, 3 Luftmaschen und 2 Doppelstäbchen) zugenommen. Dann die **4.–7. Reihe** stets wiederholen, dabei die Zunahmen in den 3 Segmenten systematisch fortführen. So lange häkeln, bis nur noch ½ Farbabschnitt vom BOBBEL übrig bleibt. Mit diesem die **8. und 9. Reihe** 1 x arbeiten und danach enden.

Fertigstellung: Für die Armausschnitte die beiden äußeren Segmente jeweils zur Hälfte legen (siehe Pfeile in der Häkelschrift) und die Ecken mit einigen Stichen an der Stelle mit den Pfeilen fixieren.

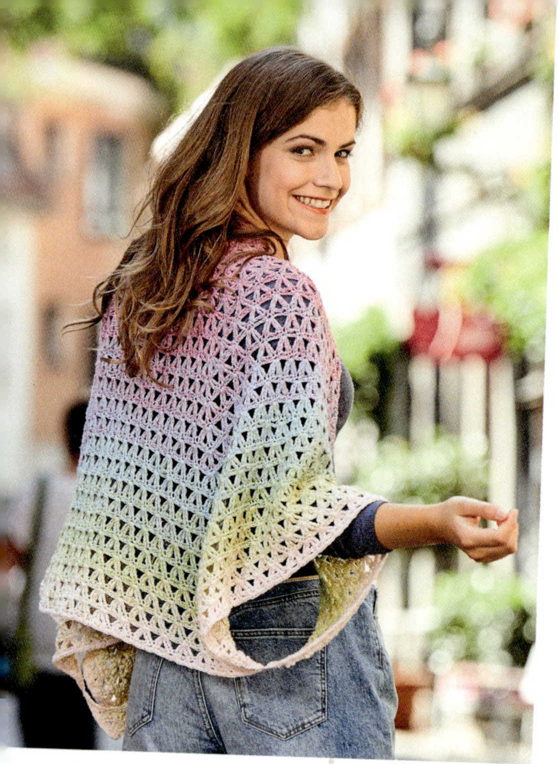

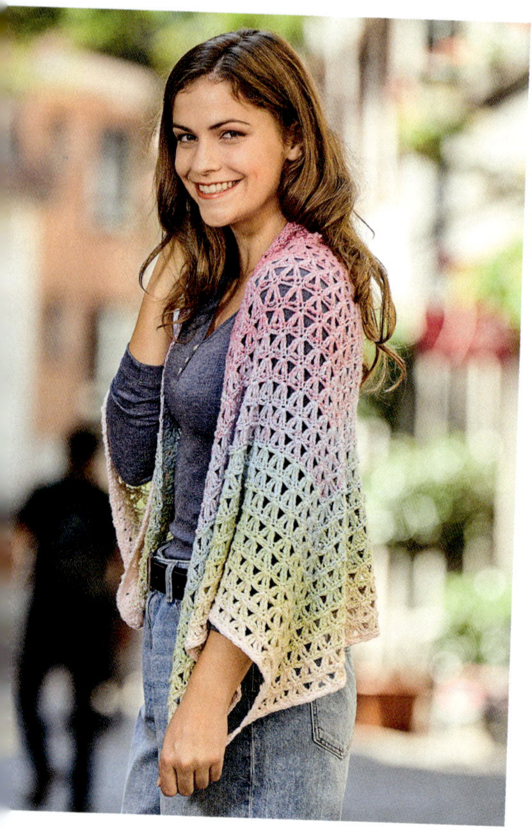

Häkelschrift

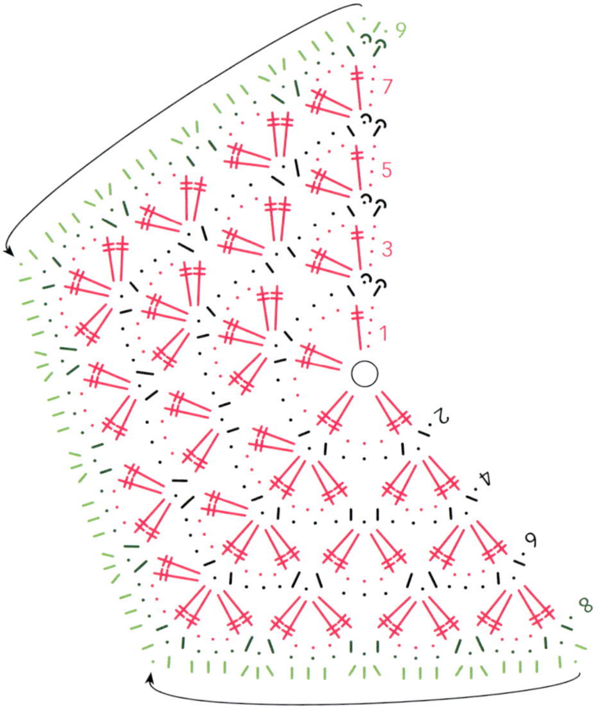

Zeichenerklärung

○ = 1 Fadenring

· = 1 Luftmasche

⌒ = 1 Kettmasche

I = 1 feste Masche

‡ = 1 Doppelstäbchen

PATCHWORK-CAPE Granny

Einheitsgröße: 38–44 (46–52)

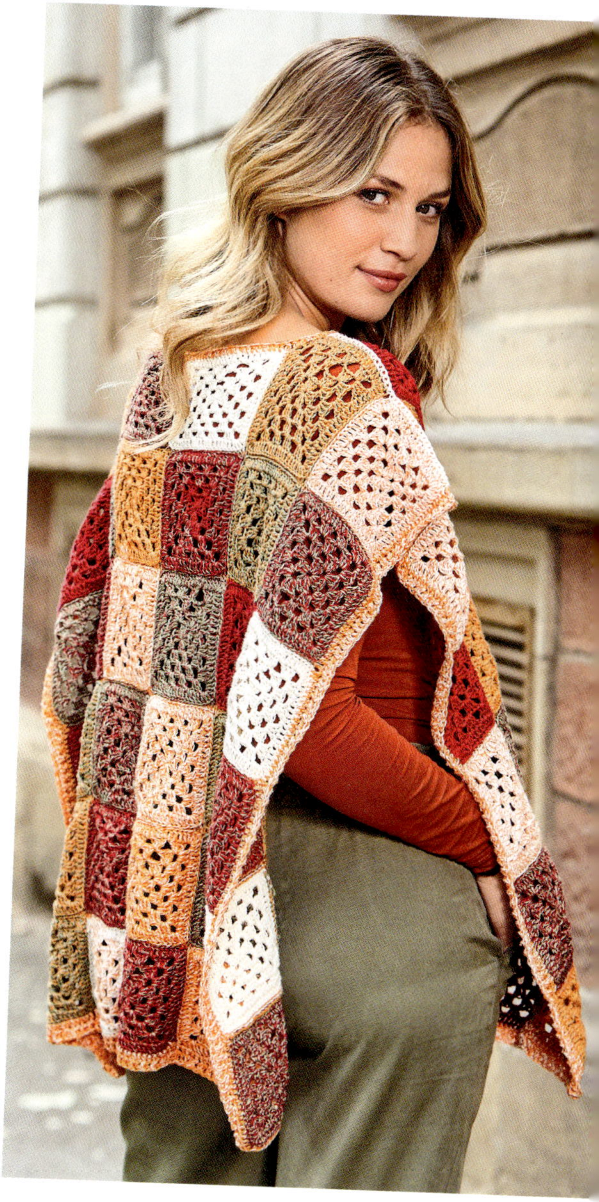

MATERIAL

- Woolly Hugs BOBBEL-COTTON (50 % Baumwolle, 50 % Polyacryl, Lauflänge ca. 800 m/200 g) von L&K (www.VeronikaHug.com): 2 (3) BOBBEL in Wunschfarbe (Original in Farbe Nr. 36)
- 1 Häkelnadel Nr. 3,5–4

1 Patch

In 1 Fadenring 3 Luftmaschen als Ersatz für das 1. Stäbchen und 2 Stäbchen häkeln, dann * 3 Luftmaschen und 3 Stäbchen arbeiten und ab * noch 2 x wiederholen, enden mit 3 Luftmaschen und 1 Kettmasche in die oberste Ersatz-Luftmasche (= **1. Runde** der Häkelschrift). Anschließend die **2.–5. Runde** 1 x arbeiten. Danach enden.

Maschenprobe

1 Patch = 10 x 10 cm

SO WIRD´S GEMACHT

Vorderteil und Rückenteil:

Insgesamt 72 (98) Patches häkeln. Für Vorder- und Rückenteil jeweils 6 x 6 (7 x 7) Patches aneinanderlegen, dabei die Abfolge der Farben wunschgemäß bestimmen. Die Patches auf der Rückseite mit Kettmaschen zusammenhäkeln. Dabei jeweils nur durch die aufeinandertreffenden vorderen Maschenglieder der letzten Runde einstechen und den Faden durchholen. Die Kettmaschen locker arbeiten, damit die Nähte nicht spannen. Zunächst alle Längsnähte arbeiten, dann die Quernähte. Es entsteht jeweils ein Quadrat von 60 x 60 (70 x 70) cm.

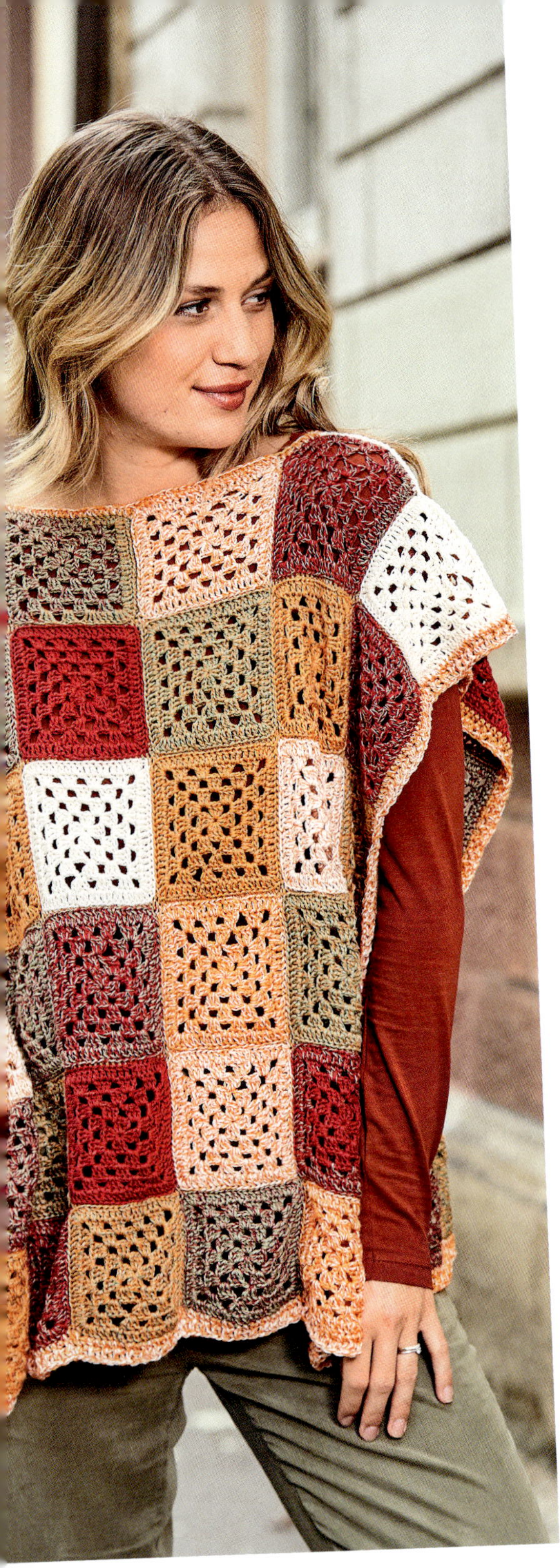

Fertigstellung: Das Cape wird nur an den Schulternähten geschlossen, dabei die mittleren je 22 (26) cm für den Halsausschnitt offen lassen. Das Cape ringsum mit 1 Runde fester Maschen und 1 Runde halber Stäbchen behäkeln. Dabei jede Runde mit 1 zusätzlichen Luftmasche für die Höhe beginnen und mit 1 Kettmasche in die 1. Masche schließen. Zur Formgebung in den Ecken jeweils 3 Maschen in 1 Einstichstelle arbeiten. Den Halsausschnitt mit 1 Runde fester Maschen umhäkeln.

Häkelschrift

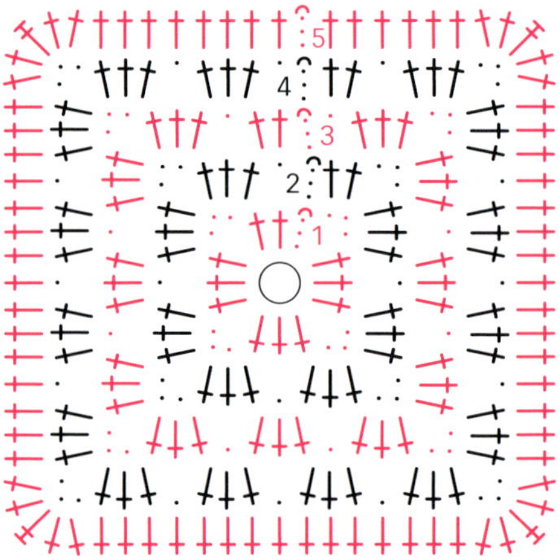

Zeichenerklärung

◯ = 1 Fadenring

· = 1 Luftmasche

⌒ = 1 Kettmasche

† = 1 Stäbchen

Ŧ = 1 halbes Doppelstäbchen

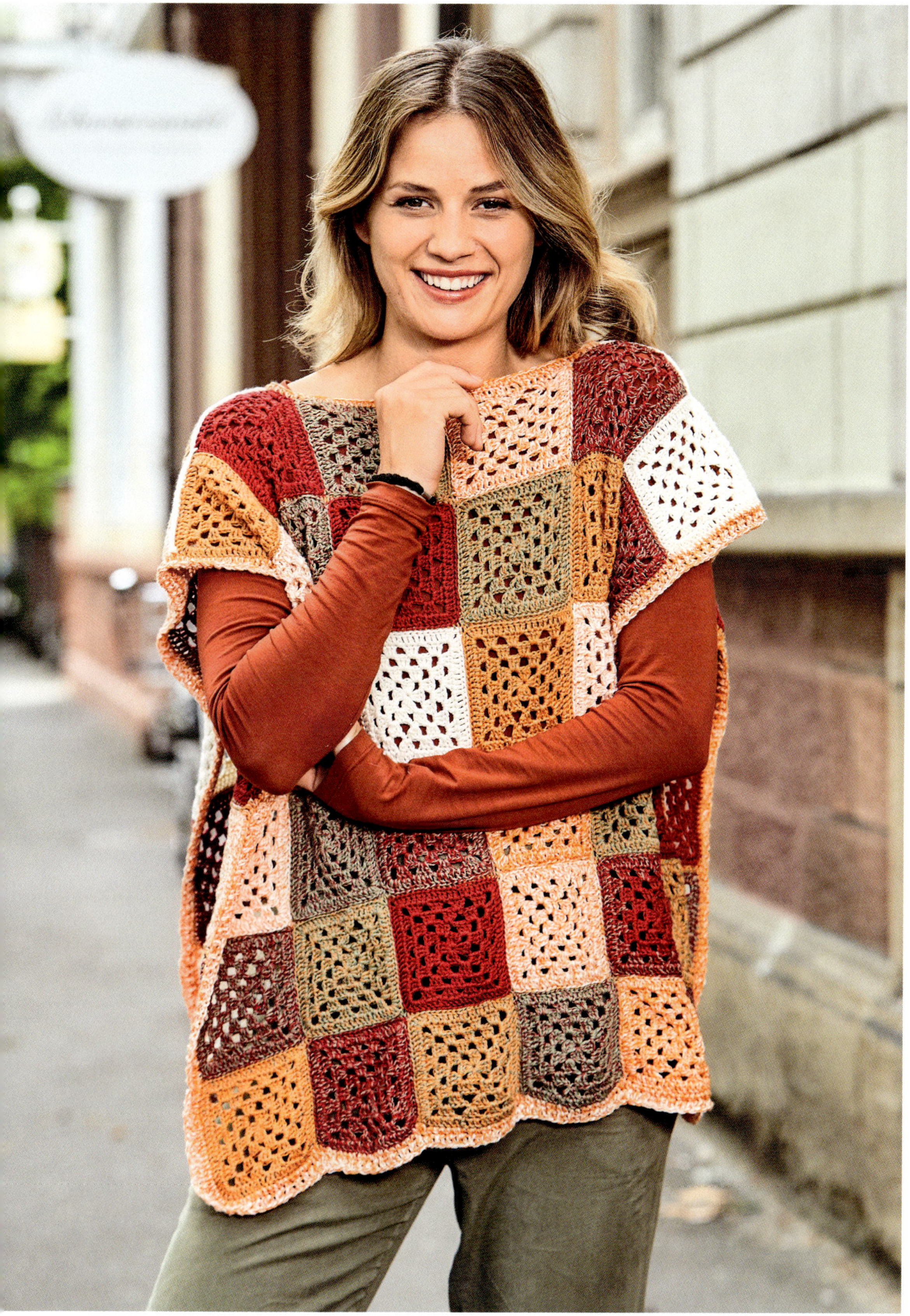

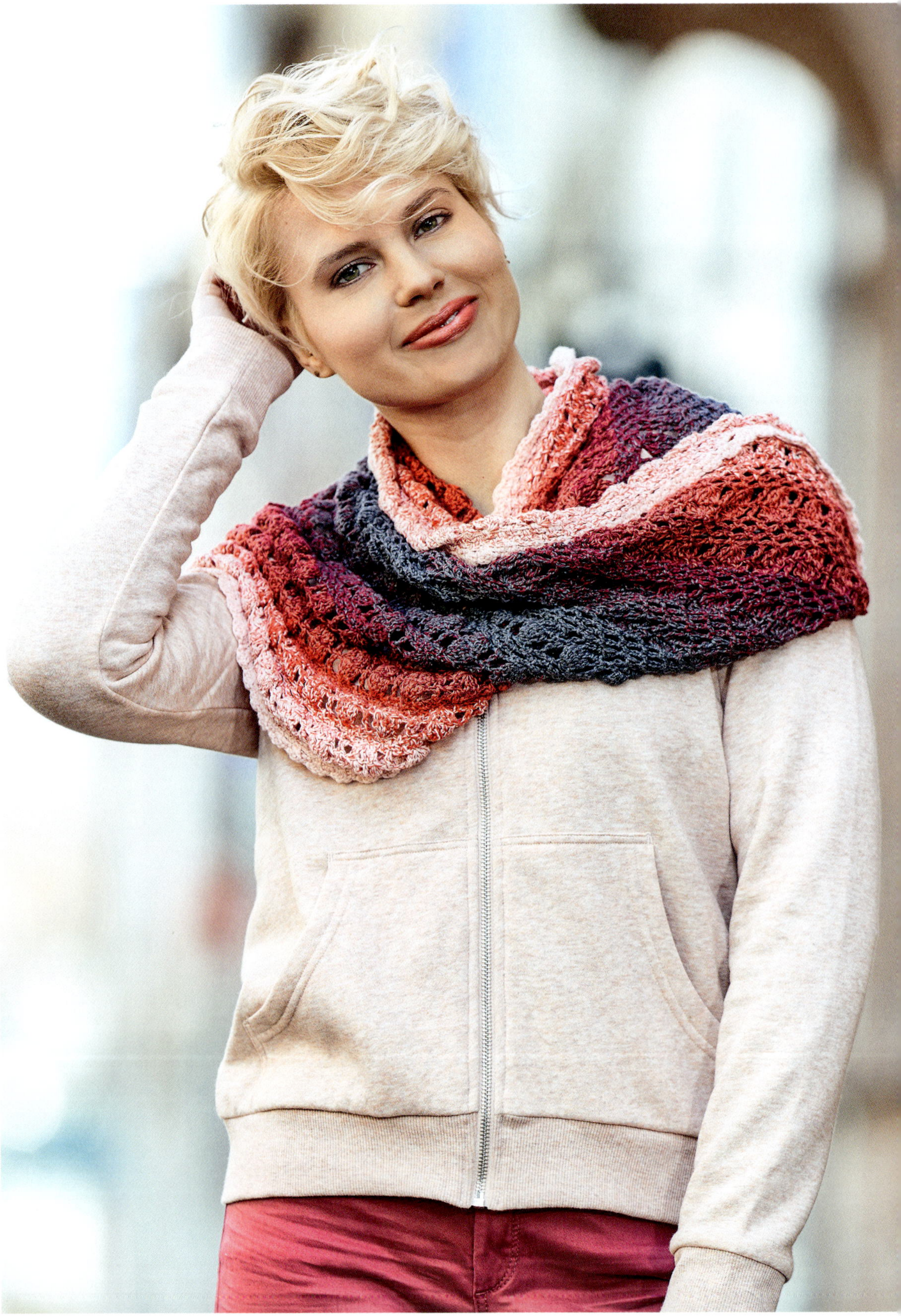

MÖBIUS-SCHAL Ellipse

Größe: 35 cm hoch (doppelt gelegt), 90 cm Umfang

MATERIAL

- Woolly Hugs BOBBEL-COTTON XTRA (50 % Baumwolle, 50 % Polyacryl, Lauflänge ca. 800 m/200 g) von L&K (www.VeronikaHug.com): 1 BOBBEL in Wunschfarbe (Original in Farbe Nr. 309)
- 1 Häkelnadel Nr. 3,5–4

Grundmuster

Laut Häkelschrift arbeiten. Die Maschenzahl muss durch 6 teilbar sein. Die **1.–7. Runde** 1 x arbeiten, dann die **2.–7. Runde** stets wiederholen, enden mit der **8.–10. Runde**.

Maschenprobe im Grundmuster

20 Maschen und 9,5 Reihen = 10 x 10 cm

SO WIRD´S GEMACHT

Beim Pfeil in der Häkelschrift beginnend 180 Luftmaschen anschlagen und **nicht** zur Runde schließen. Mit 4 Luftmaschen als Ersatz für das 1. Doppelstäbchen die Arbeit wenden und die Luftmaschenkette mit der **1. Runde** der Häkelschrift behäkeln. Ist die Luftmaschenkette vollständig behäkelt, wieder die Runde nicht schließen, sondern gleich im Anschluss die Unterseite der Luftmaschenkette ebenfalls mit der **1. Runde** der Häkelschrift behäkeln. Danach die Runde mit 1 Kettmasche in die oberste Ersatz-Luftmasche der 1. Runde schließen. Nun im Grundmuster weiterarbeiten. Es bildet sich durch die Drehung eine Acht. Die **2.–7. Runde** stets wiederholen, bis nur noch 1 Farbabschnitt vom BOBBEL als Rest übrig ist. Dann nach einer 7. Runde mit der **8.–10. Runde** enden.

Häkelschrift

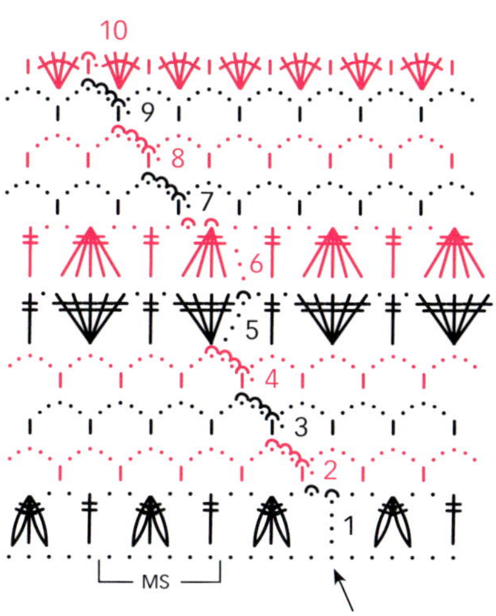

Zeichenerklärung

· = 1 Luftmasche

⌒ = 1 Kettmasche

ı = 1 feste Masche

† = 1 Stäbchen

‡ = 1 Doppelstäbchen

MS = Mustersatz

Laufen die Zeichen unten zusammen, die Maschen in 1 Einstichstelle arbeiten.
Laufen die Zeichen oben zusammen, die Maschen zusammen abmaschen.

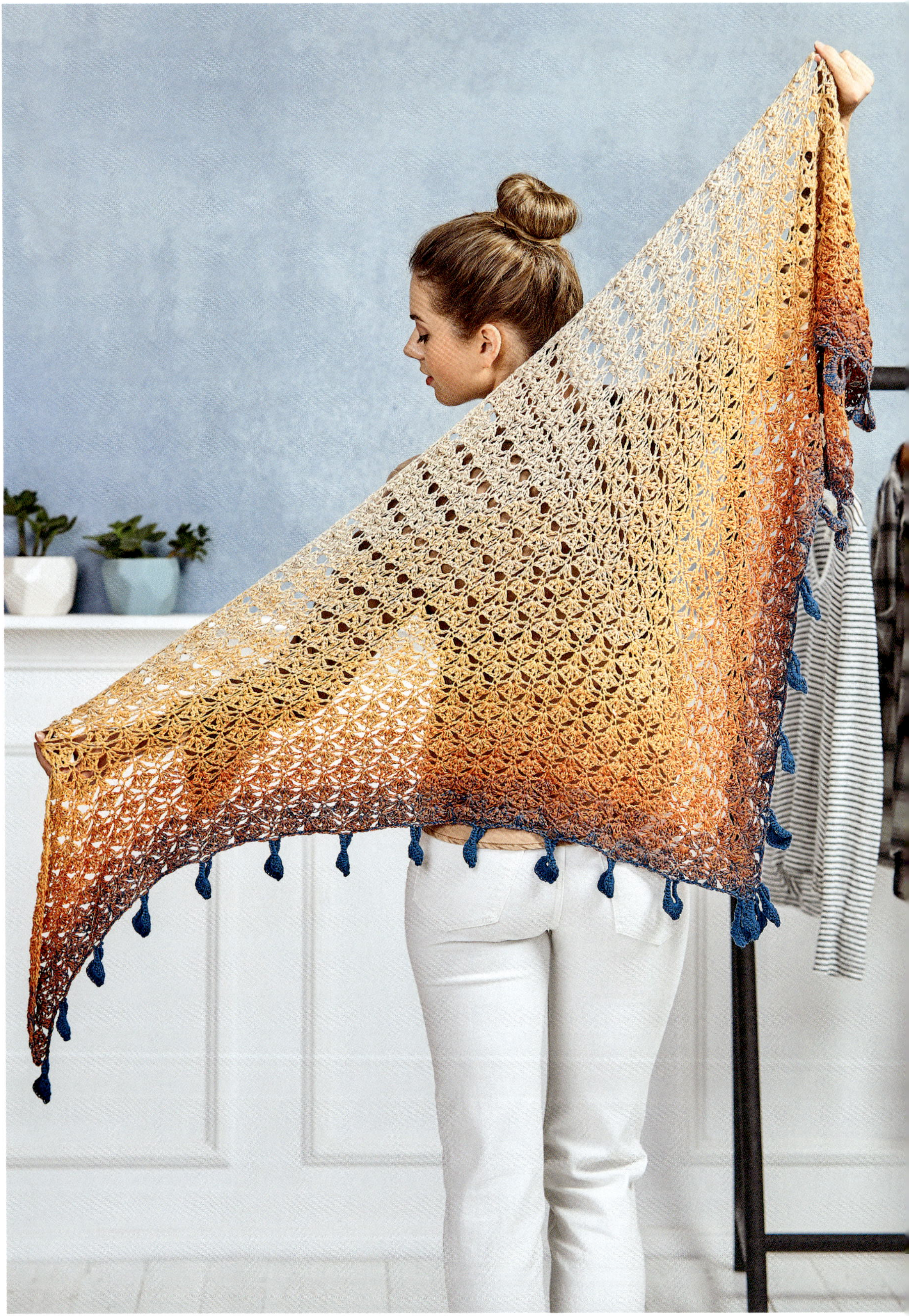

TUCH Start Up

Größe: 200 x 85 cm

MATERIAL

- Woolly Hugs BOBBEL-COTTON XTRA (50 % Baumwolle, 50 % Polyacryl, Lauflänge ca. 800 m/200 g) von L&K (www.VeronikaHug.com): 1 BOBBEL in Wunschfarbe (Original in Farbe Nr. 311)
- 1 Häkelnadel Nr. 3,5–4
- 1 Maschenmarkierer

Maschenprobe
2 Mustersätze und 8 Reihen = 10 x 10 cm

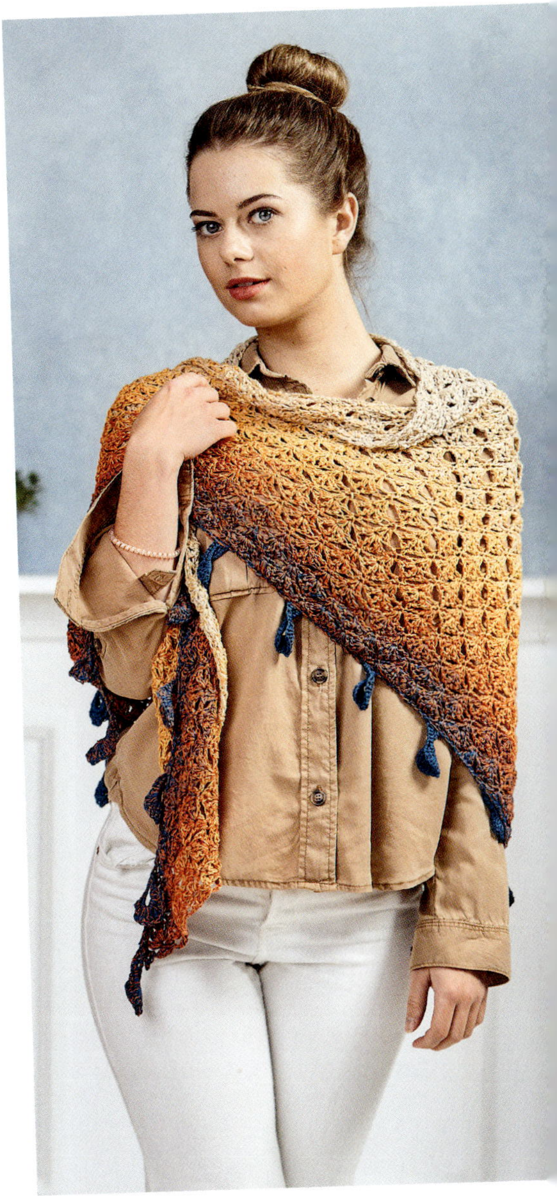

SO WIRD´S GEMACHT

In der oberen Mitte beginnend 1 Luftmasche anschlagen und für die **1. Reihe** der Häkelschrift als Ersatz für das 1. Stäbchen 3 Luftmaschen häkeln (= 4 Luftmaschen als Beginn). Dann in die 1. Luftmasche 3 Stäbchen, 1 Luftmasche, 3 Stäbchen und 1 Doppelstäbchen häkeln. Anschließend für die **2. Reihe** der Häkelschrift mit 3 Luftmaschen als Ersatz für das 1. Stäbchen die Arbeit wenden und die Reihe laut Häkelschrift fortsetzen. Eventuell die mittlere Masche mit 1 Maschenmarkierer kennzeichnen.
Nun die **3.–7. Reihe** laut Häkelschrift arbeiten. Dann die 4.–7. Reihe stets wiederholen. Die Zunahmen wie eingezeichnet ausführen und systematisch fortsetzen.
So lange häkeln, bis nur noch 1 Farbabschnitt vom BOBBEL übrig bleibt. Dann nach einer 5. oder 7. Reihe der Häkelschrift mit der **8. Reihe** als Abschluss enden.

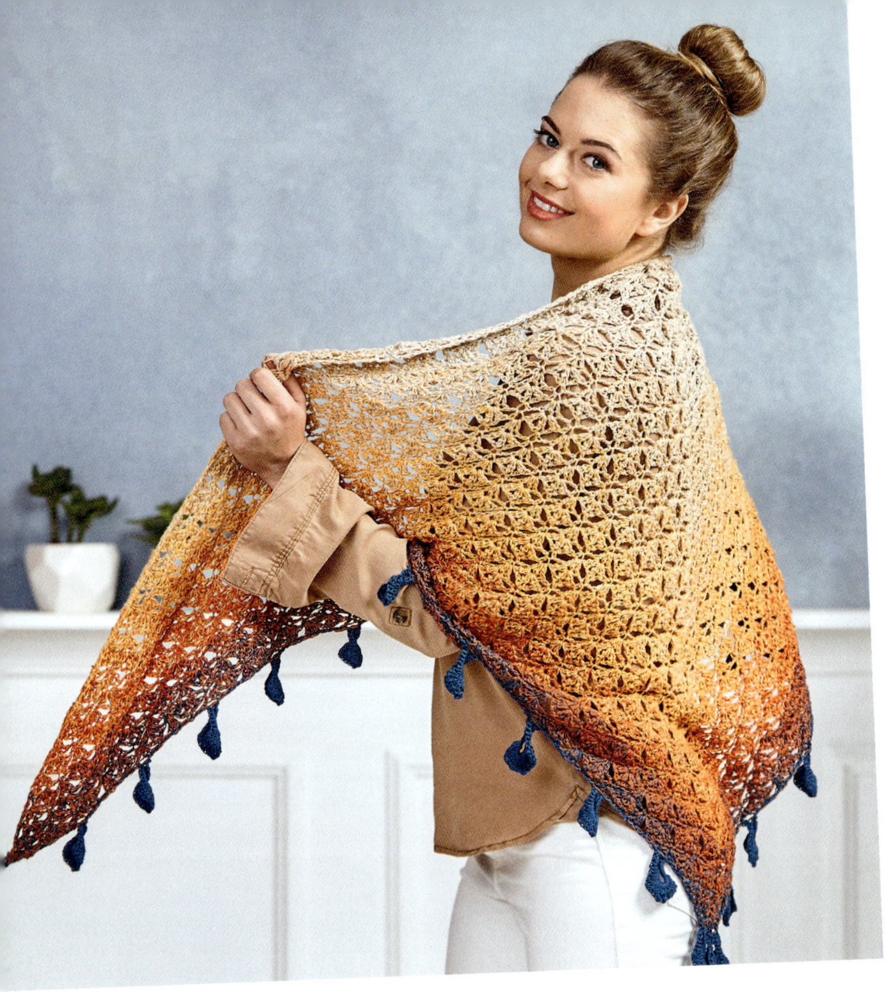

Häkelschrift

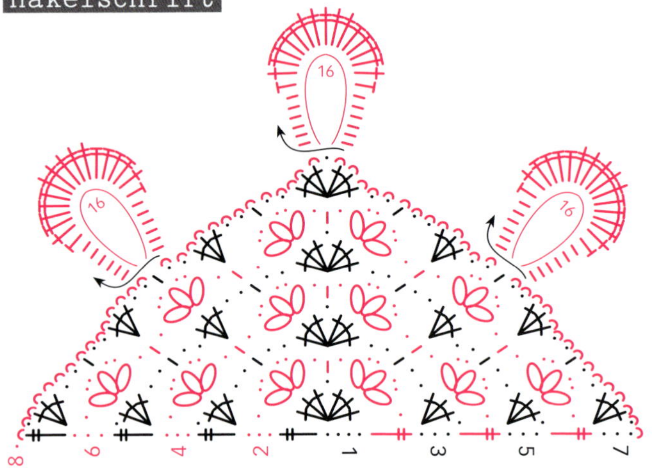

Zeichenerklärung

- · = 1 Luftmasche
- = 1 Kettmasche
- = 1 feste Masche
- = 1 halbes Stäbchen
- = 1 Stäbchen
- = 3 Stäbchen in 1 Einstichstelle
- = 1 halbes Doppelstäbchen
- = 1 Doppelstäbchen
- = 2 zusammen abgemaschte Stäbchen in 1 Einstichstelle
- 16 = 1 Bogen aus 16 Luftmaschen

SEELENWÄRMER

Hoodie-Granny

Einheitsgröße: 38–44 (46–52)

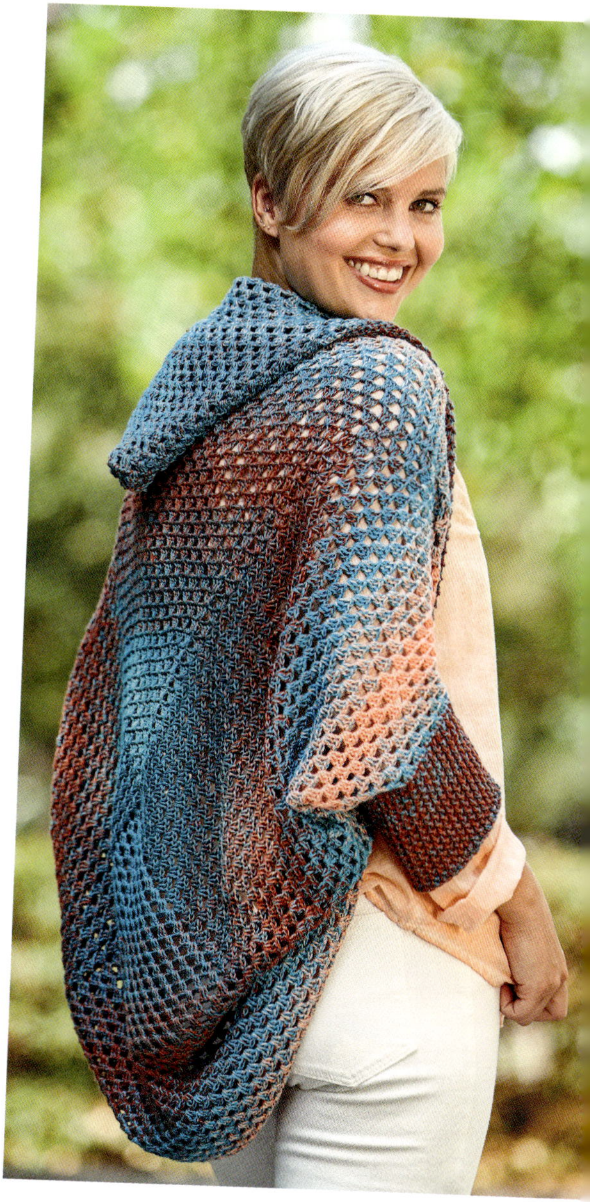

MATERIAL

- Woolly Hugs BOBBEL-COTTON (50 % Baumwolle, 50 % Polyacryl, Lauflänge ca. 800 m/200 g) von L&K (www.VeronikaHug.com): 2 (3) BOBBEL in Wunschfarbe (Original in Farbe Nr. 35)
- 1 Häkelnadel Nr. 3,5–4

Patch

Siehe Modell Patchwork-Cape Granny, Seite 31, jedoch laut Häkelschrift 1 auf Seite 40 die **1.–4. Runde** 1 x arbeiten, dann die **3. und 4. Runde** stets wiederholen.

Rippenmuster

In Runden abwechselnd 1 Reliefstäbchen von vorn und 1 Reliefstäbchen von hinten häkeln, dabei jede Runde mit 1 zusätzlichen Luftmasche für die Höhe beginnen und mit 1 Kettmasche in die 1. Masche schließen.

Maschenprobe

1 Patch bis zur 5. Runde = 10 x 10 cm

Hinweis: Der BOBBEL kann wunschgemäß von innen oder von außen verwendet werden. Den 2. und eventuell auch den 3. BOBBEL entsprechend farblich passend gegengleich anhäkeln. Für die Armelbündchen und die Blende von zwei BOBBELn jeweils die äußeren 2 Farbabschnitte verwenden.

SO WIRD´S GEMACHT

In der hinteren Mitte mit dem Patch beginnen. So viele Runden arbeiten, bis ein Quadrat mit 100 (110) cm Kantenlänge entstanden ist, dann enden.

Fertigstellung: Das Quadrat falten, sodass ein Rechteck von ca. 100 (110) cm Breite und 50 (55) cm Höhe entsteht. Beidseitig die Nähte ab der unteren Kante über 34 (39) cm schließen, sodass 16 cm bis zum Bruch für die Armausschnitte offen bleiben.

Für die **Kapuze** die mittleren 85 Maschen der oberen Kante im Grundmuster laut Häkelschrift 2 behäkeln, dabei die **1.–3. Reihe** 1 x arbeiten, dann die **2. und 3. Reihe** stets wiederholen. Nach 28 (30) cm ab Anhäkeln enden. Kapuze zur Hälfte legen und die obere Kante schließen.
Für die Blende die Kante einschließlich der Kapuze ringsum mit 1 Runde halber Stäbchen behäkeln. Anschließend im Rippenmuster weiterarbeiten. Nach 3 cm Blendenhöhe enden.
Die Ärmelkanten genauso behäkeln, jedoch erst nach 12 cm Blendenhöhe enden.

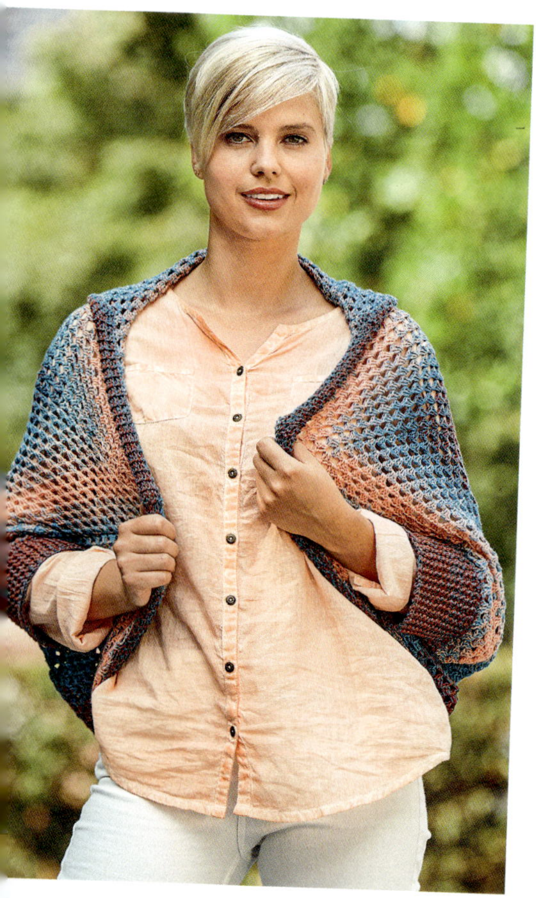

Häkelschrift 1

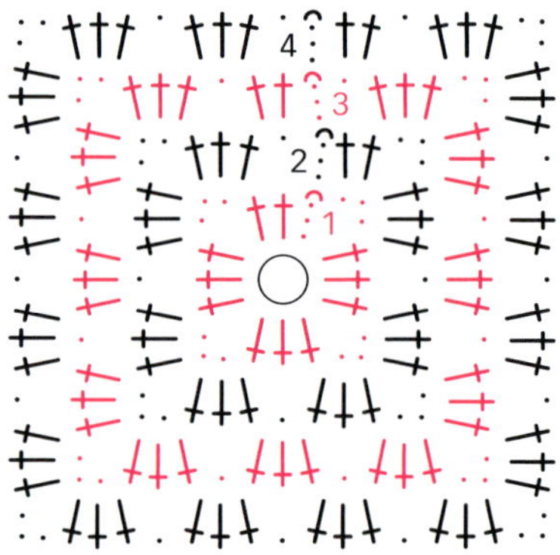

Häkelschrift 2

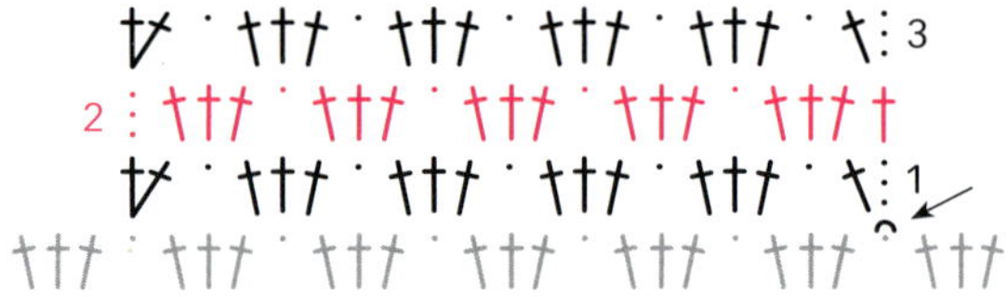

Zeichenerklärung

◯ = 1 Fadenring	⌒ = 1 Kettmasche
· = 1 Luftmasche	† = 1 Stäbchen

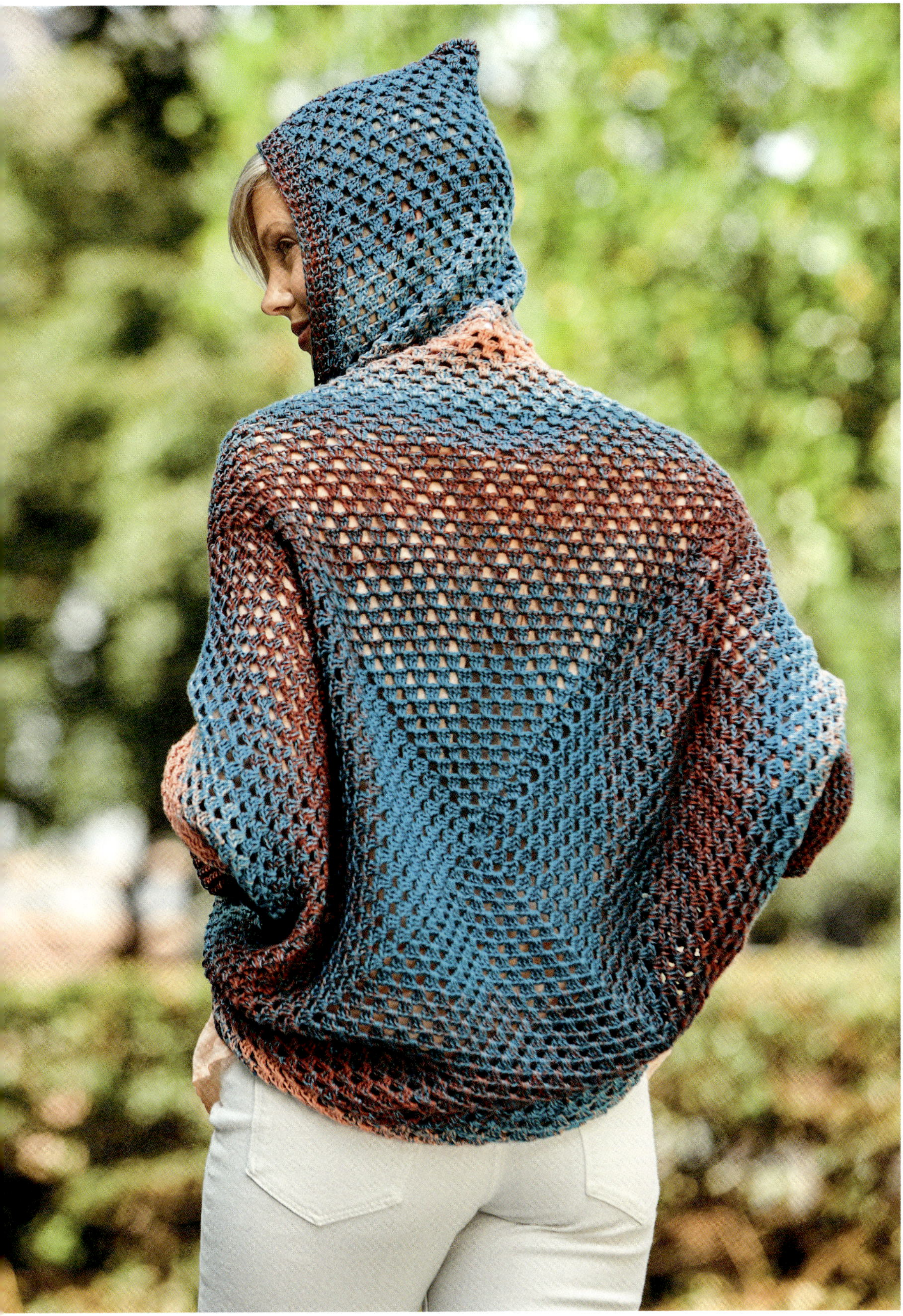

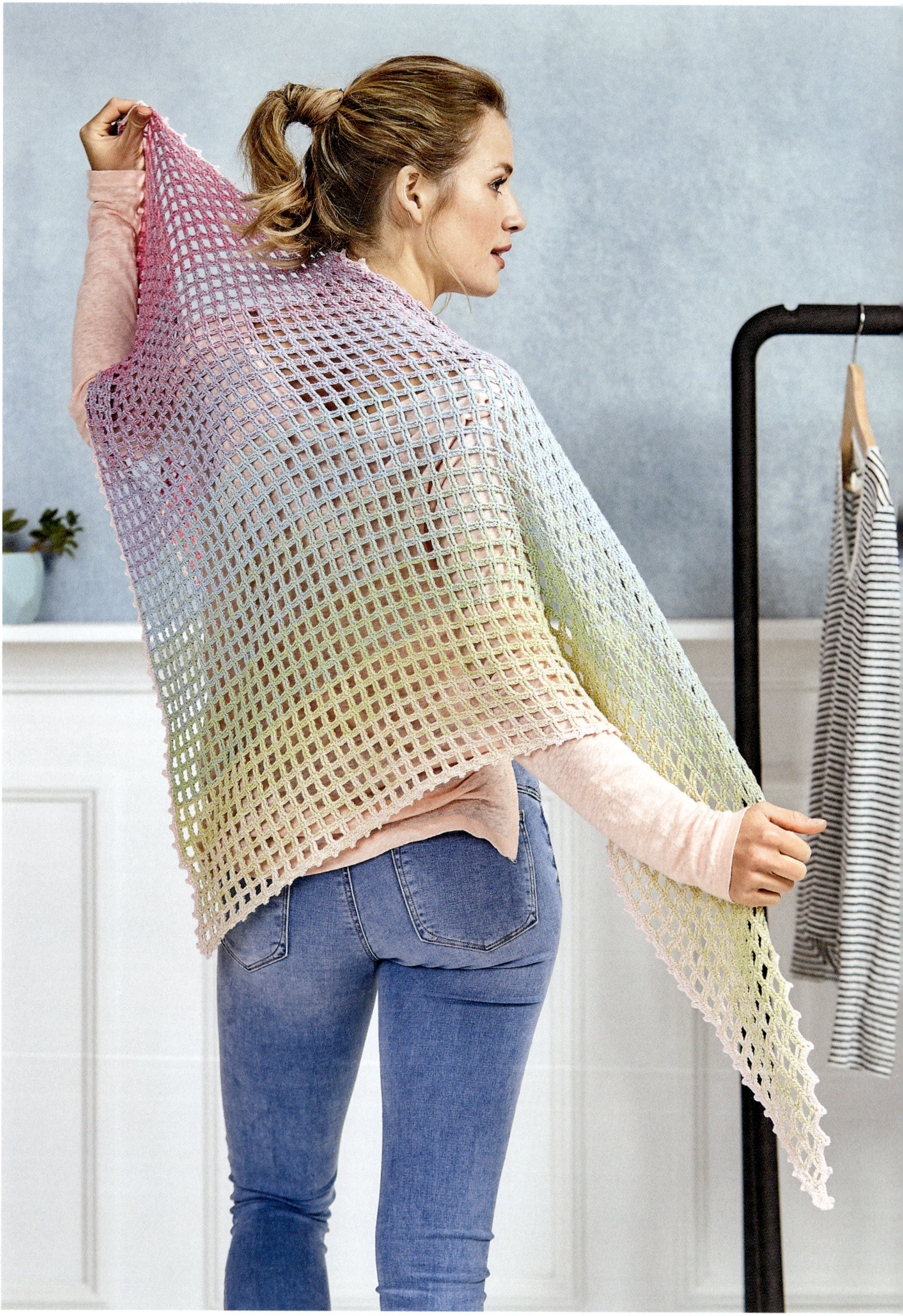

TUCH

Facettenkunst

Größe: 200 x 85 cm

MATERIAL

- Woolly Hugs BOBBEL-COTTON (50 % Baumwolle, 50 % Polyacryl, Lauflänge ca. 800 m/200 g) von L&K (www.VeronikaHug.com): 1 BOBBEL in Wunschfarbe (Original in Farbe Nr. 32)
- 1 Häkelnadel Nr. 3,5–4

Maschenprobe
30 Maschen und 11 Reihen = 10 x 10 cm

SO WIRD´S GEMACHT

An einer linken seitlichen Spitze beginnend (siehe Pfeil in der Häkelschrift) 7 Luftmaschen + 1 zusätzliche Steige-Luftmasche für die Höhe der 1. Reihe anschlagen. Dann in die 7. und 6. Luftmasche je 1 feste Masche häkeln, die folgenden 3 Maschen mit 3 Luftmaschen übergehen und in die 2. und 1. Luftmasche je 1 feste Masche häkeln (= **1. Reihe** der Häkelschrift). Anschließend die **2.–11. Reihe** 1 x arbeiten. Dann die **8.–11. Reihe** stets wiederholen, dabei die Zunahmen an der linken Kante systematisch fortführen. Jeweils mit 2 Reihen wird 1 Gitterkästchen zugenommen. So lange häkeln, bis nur noch 1 Farbabschnitt vom BOBBEL übrig bleibt. Mit diesem das ganze Tuch ringsum laut den grünen Zeichen in der Häkelschrift behäkeln und danach enden.

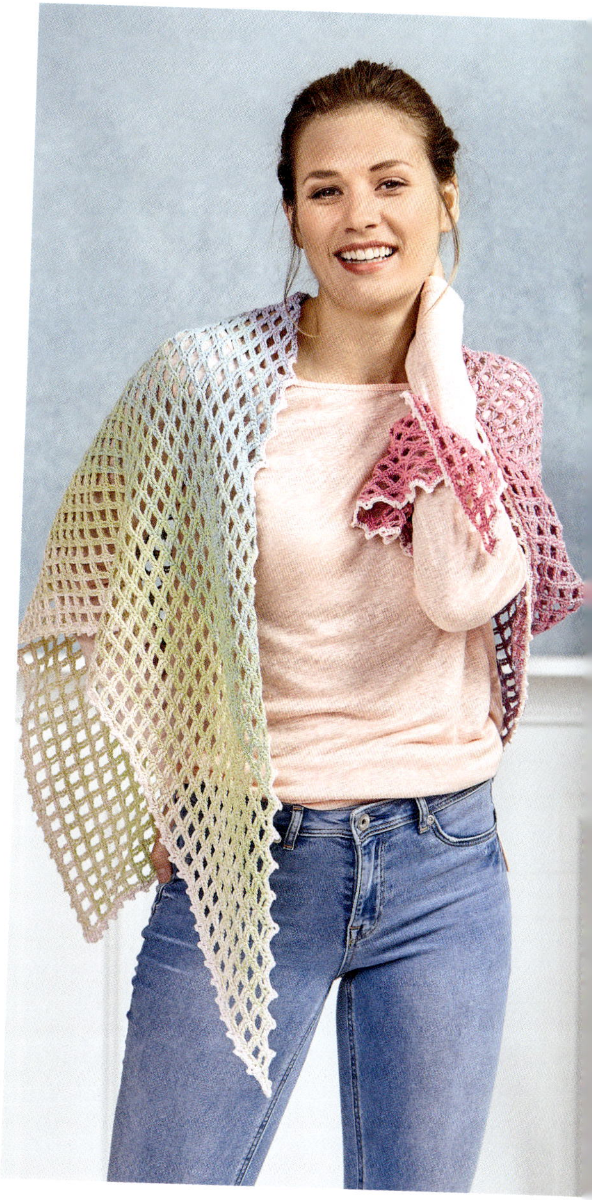

Häkelschrift

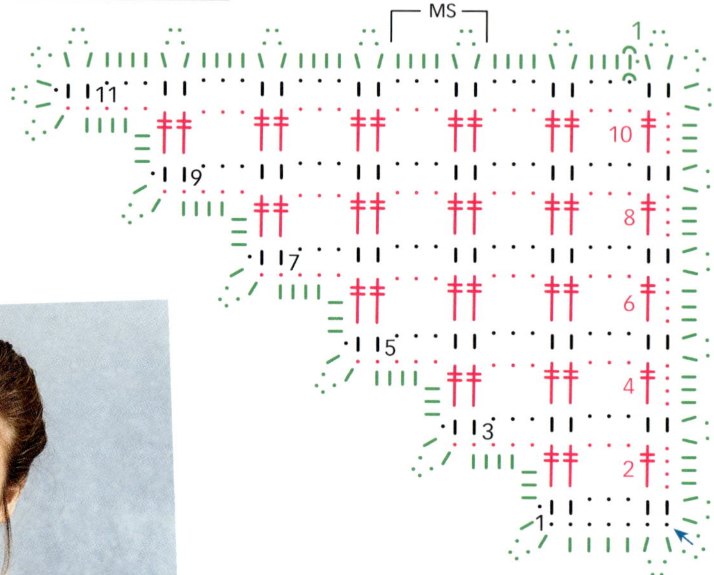

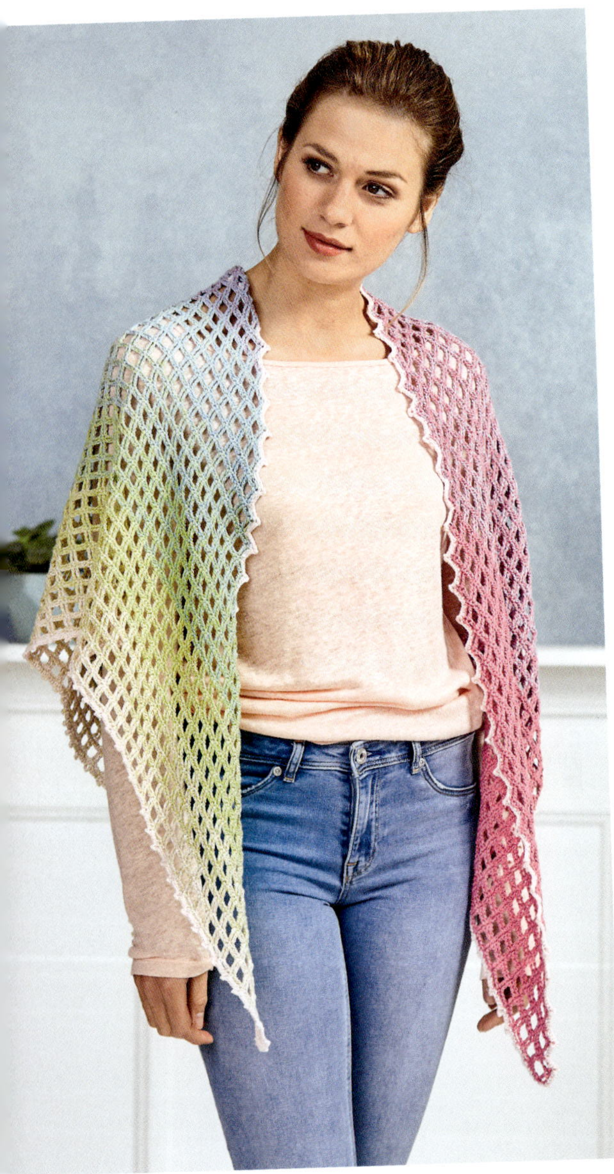

Zeichenerklärung

· = 1 Luftmasche

◠ = 1 Kettmasche

I = 1 feste Masche

ǂ = 1 Doppelstäbchen

MS = Mustersatz

PONCHO Two-for-One

Einheitsgröße

MATERIAL

- Woolly Hugs BOBBEL-COTTON (50 % Baumwolle, 50 % Polyacryl, Lauflänge ca. 800 m/200 g) von L&K (www.VeronikaHug.com): 2 BOBBEL in Wunschfarbe (Original in Farbe Nr. 16)
- 1 Häkelnadel Nr. 3,5–4

Maschenprobe
21 Maschen und 10 Reihen = 10 x 10 cm

SO WIRD´S GEMACHT

Vorderteil: Mit dem 1. BOBBEL an der unteren Spitze beginnend 1 Luftmasche + 4 Steige-Luftmaschen als Ersatz für das 1. Doppelstäbchen anschlagen. Dann in die 1. Luftmasche 5 Stäbchen und 1 Doppelstäbchen arbeiten (= **1. Reihe** der Häkelschrift). Anschließend die **2.–10. Reihe** der Häkelschrift 1 x arbeiten. Danach die **7.–10. Reihe** stets wiederholen, bis 75 cm ab Anschlag erreicht sind. Anschließend ohne Zunahmen weiterarbeiten und die **11.–18. Reihe** 1 x arbeiten. Danach die **15.–18. Reihe** stets wiederholen, bis die gerade Kante 16 cm hoch ist bzw. der BOBBEL fast aufgebraucht ist. Möglichst mit einer 15. oder 17. Reihe der Häkelschrift enden.
Rückenteil: Mit dem 2. BOBBEL genauso arbeiten.

Fertigstellung: Die obere Kante zusammennähen, dabei die mittleren 24 cm als Halsausschnitt offen lassen. Für die Armausschnitte mit Beginn der geraden Kante die Seitennaht über 1 cm schließen.

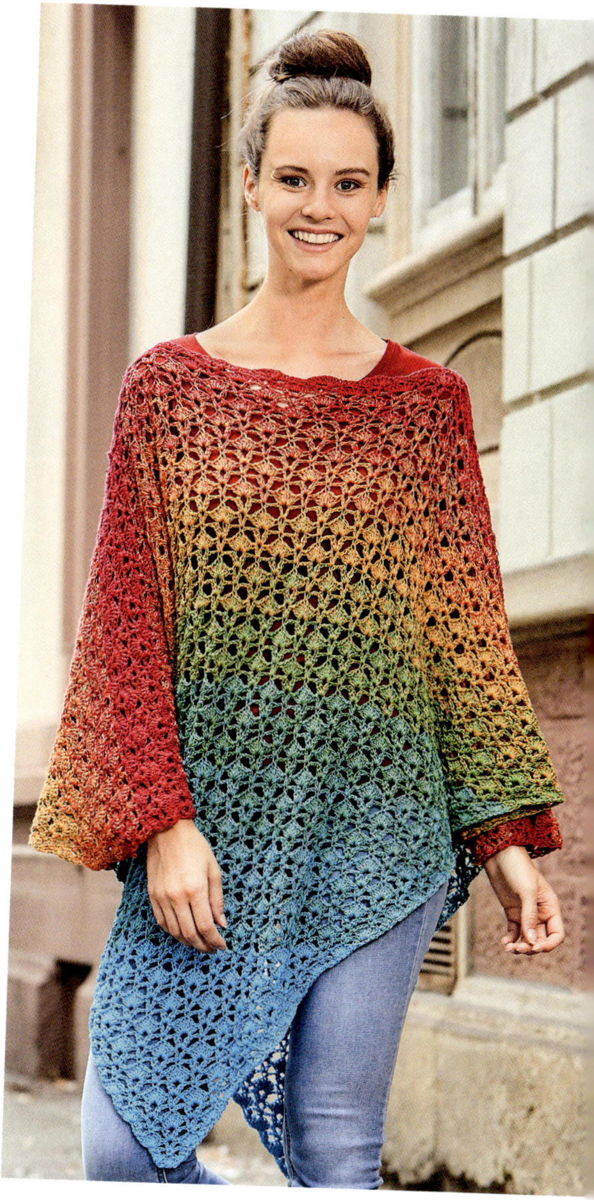

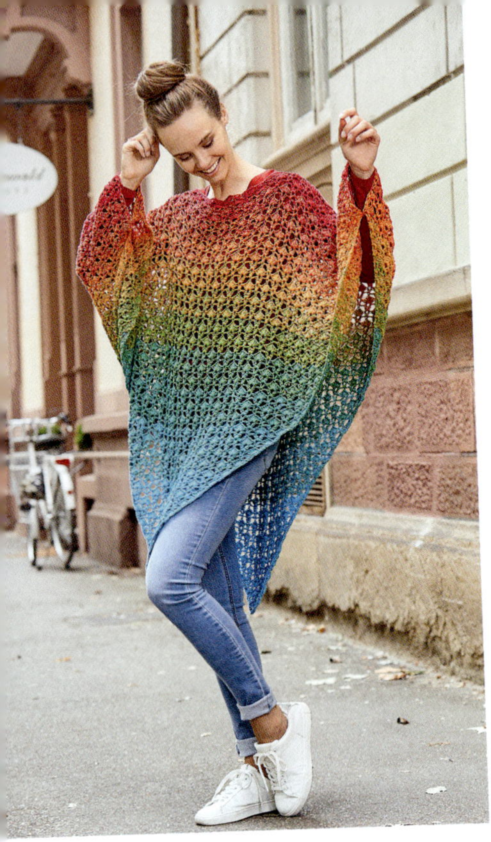

Zeichenerklärung

· = 1 Luftmasche

ı = 1 feste Masche

† = 1 Stäbchen

= 2 zusammen abgemaschte Stäbchen in 1 Einstichstelle

= 2 zusammen abgemaschte Stäbchen

= 1 Doppelstäbchen

Laufen die Zeichen unten zusammen, die Maschen in 1 Einstichstelle arbeiten.

Häkelschrift

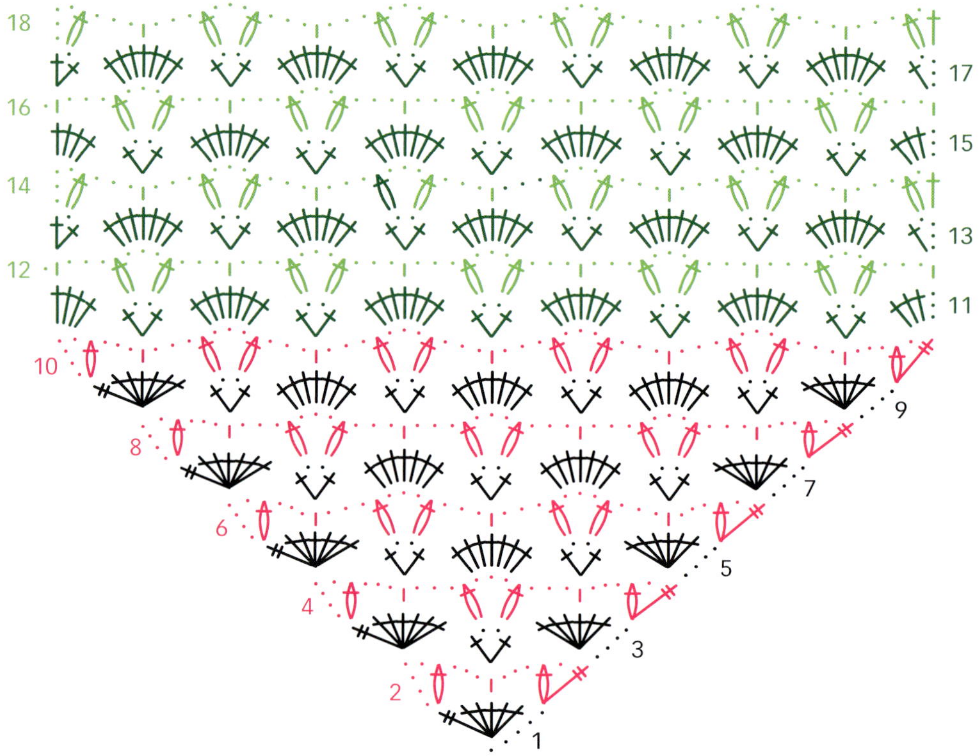

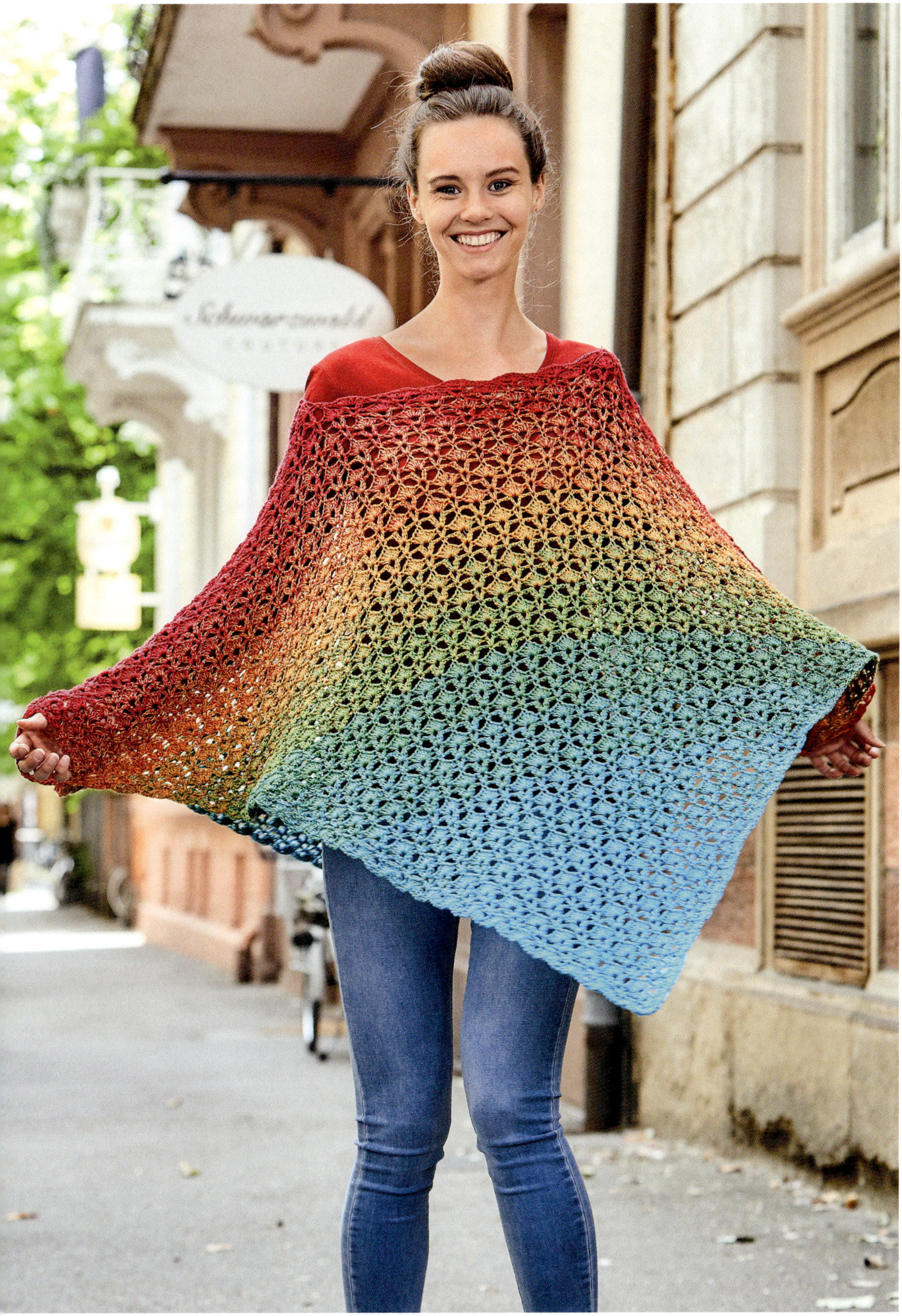

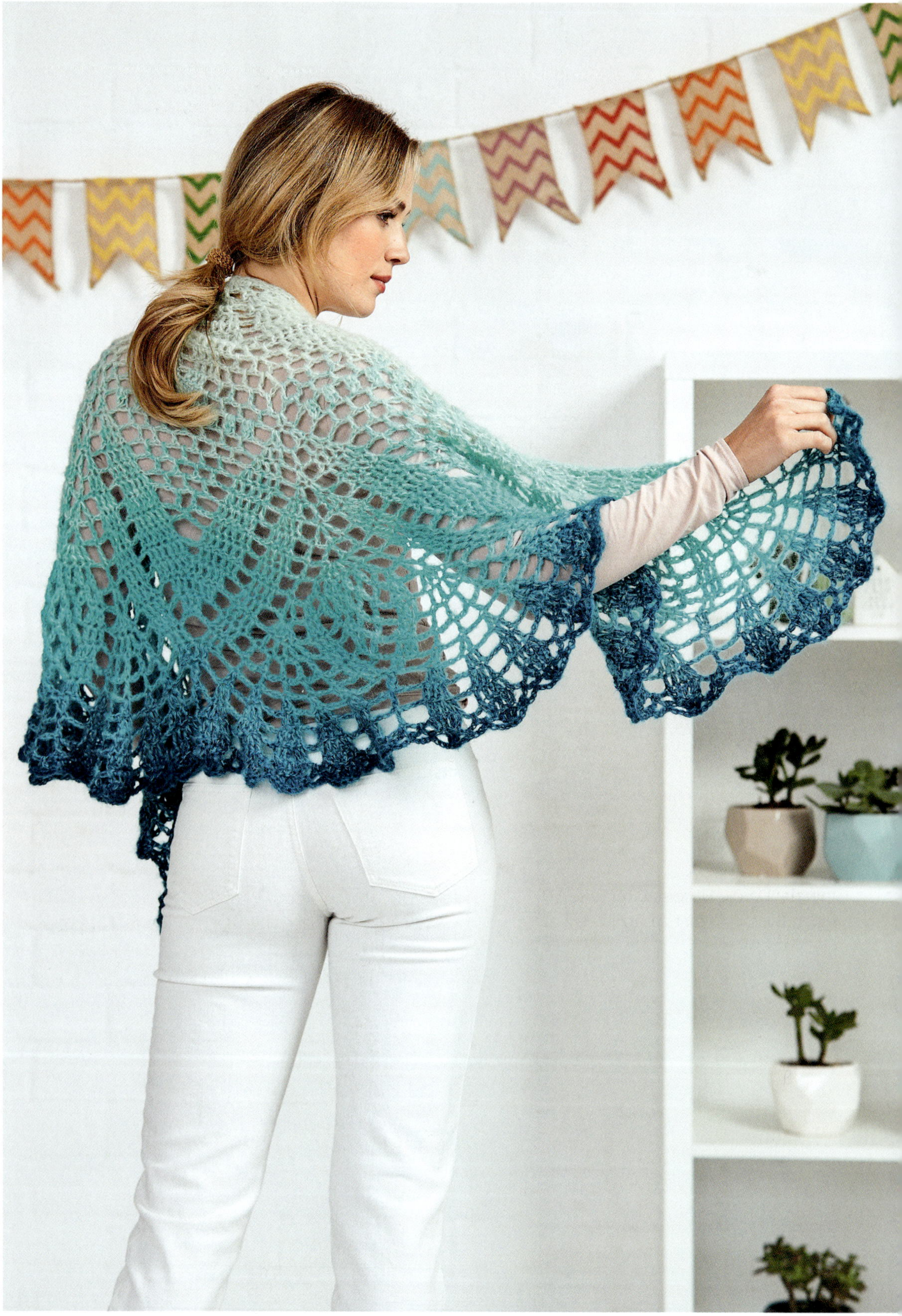

TUCH Aufgeblüht

Größe: 200 x 80 cm

MATERIAL

- Woolly Hugs BOBBEL-MOHAIR (15 % Mohair, 85 % Polyamid, Lauflänge ca. 420 m/150 g) von L&K (www.VeronikaHug.com): 1 BOBBEL in Wunschfarbe (Original in Farbe Nr. 206)
- 1 Häkelnadel Nr. 5–6

Maschenprobe
10 Stäbchen und 5 Reihen = 10 x 10 cm

SO WIRD´S GEMACHT

In der oberen Mitte beginnend 7 Luftmaschen anschlagen und mit 1 Kettmasche in die 1. Luftmasche zur Runde schließen. Dann 3 Luftmaschen als Ersatz für das 1. Stäbchen häkeln und in den Luftmaschenring 8 weitere Stäbchen arbeiten (= **1. Reihe** der Häkelschrift). Anschließend die **2.–33. Reihe** laut Häkelschrift arbeiten. Danach enden.
Hinweis: Da die Häkelschrift (Seite 50) sehr groß ist, wird hier zusätzlich ein vergrößerter Ausschnitt der 1.–14. Reihe gezeigt.

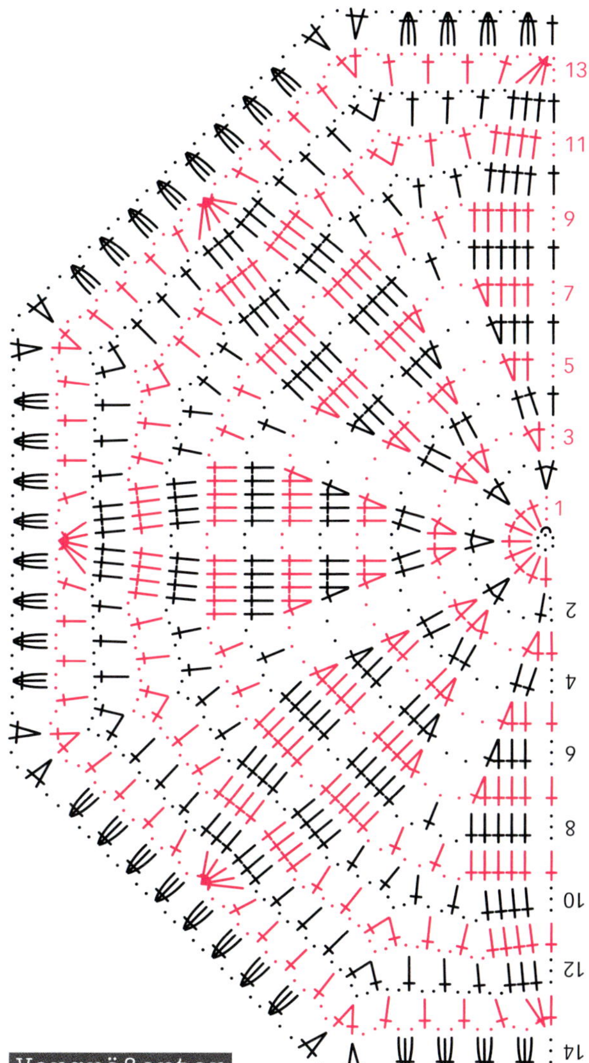

Vergrößerter Ausschnitt der 1.–14. Reihe

Häkelschrift

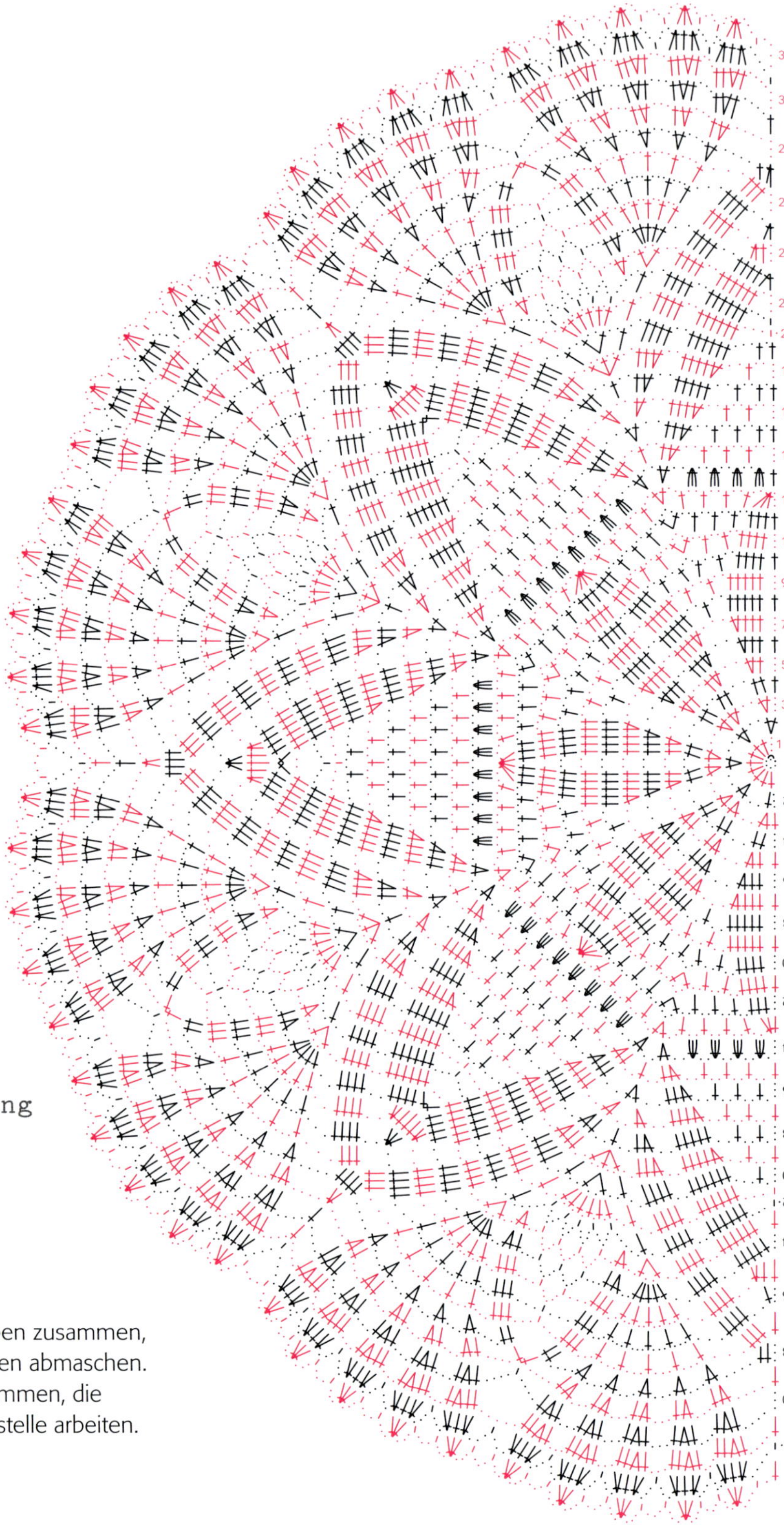

Zeichenerklärung

· = 1 Luftmasche

⌒ = 1 Kettmasche

ı = 1 feste Masche

† = 1 Stäbchen

Laufen die Zeichen oben zusammen, die Maschen zusammen abmaschen. Laufen sie unten zusammen, die Maschen in 1 Einstichstelle arbeiten.

LOOP & ARMSTULPEN
Sternenstaub

Größe – Loop: 80 cm hoch, 70 cm Umfang
Größe – Armstulpen: 22 cm lang, 20 cm Umfang

MATERIAL

- Woolly Hugs BOBBEL-MOHAIR (15 % Mohair, 85 % Polyamid, Lauflänge ca. 420 m/150 g) von L&K (www.VeronikaHug.com): 1 BOBBEL in Wunschfarbe (Original in Farbe Nr. 203)
- 1 Häkelnadel Nr. 5–6

Grundmuster

Laut Häkelschrift in Runden arbeiten. Die Maschenzahl muss durch 16 teilbar sein. Mit der Masche beim Rundenbeginn anfangen, dann die Maschen bis zum Mustersatz (MS) 1 x arbeiten. Den Mustersatz (MS) stets wiederholen, enden mit den Maschen nach dem MS und vor dem Rundenbeginn. Jede Runde wie in der Häkelschrift gezeichnet mit 1 Kettmasche schließen, in der 2., 6. und 10. Runde die Runde mit 1 Stäbchen schließen. Die **1.–11. Runde** 1 x arbeiten, dann die **8.–11. Runde** stets wiederholen.

Maschenprobe im Grundmuster

1 Mustersatz = 10 cm breit

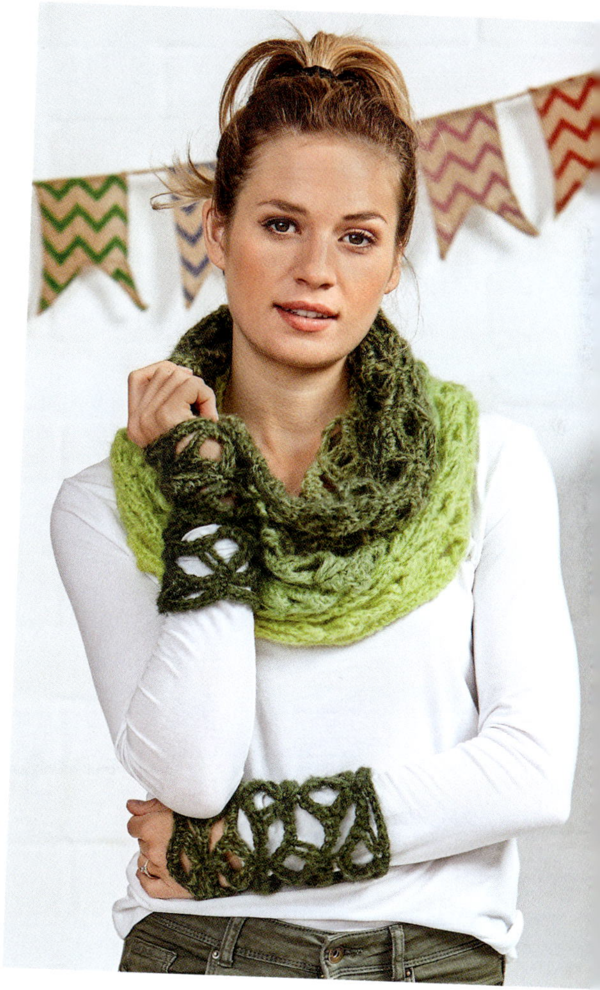

SO WIRD´S GEMACHT

LOOP

112 Luftmaschen anschlagen, mit 1 Kettmasche zur Runde schließen (darauf achten, dass sich die Luftmaschenkette nicht verdreht) und laut Häkelschrift arbeiten. In der 1. Runde 1 zusätzliche Steige-Luftmasche arbeiten und dann in jede Luftmasche 1 feste Masche häkeln. Am Ende die Runde mit 1 Kettmasche in die 1. feste Masche schließen (= **1. Runde** der Häkelschrift).

Danach die **2. –11. Runde** laut Häkelschrift arbeiten und anschließend die **8.–11. Runde** stets wiederholen. Kurz bevor nur noch 2 Farbabschnitte vom BOBBEL übrig sind, mit einer **9. oder 11. Runde** der Häkelschrift enden.

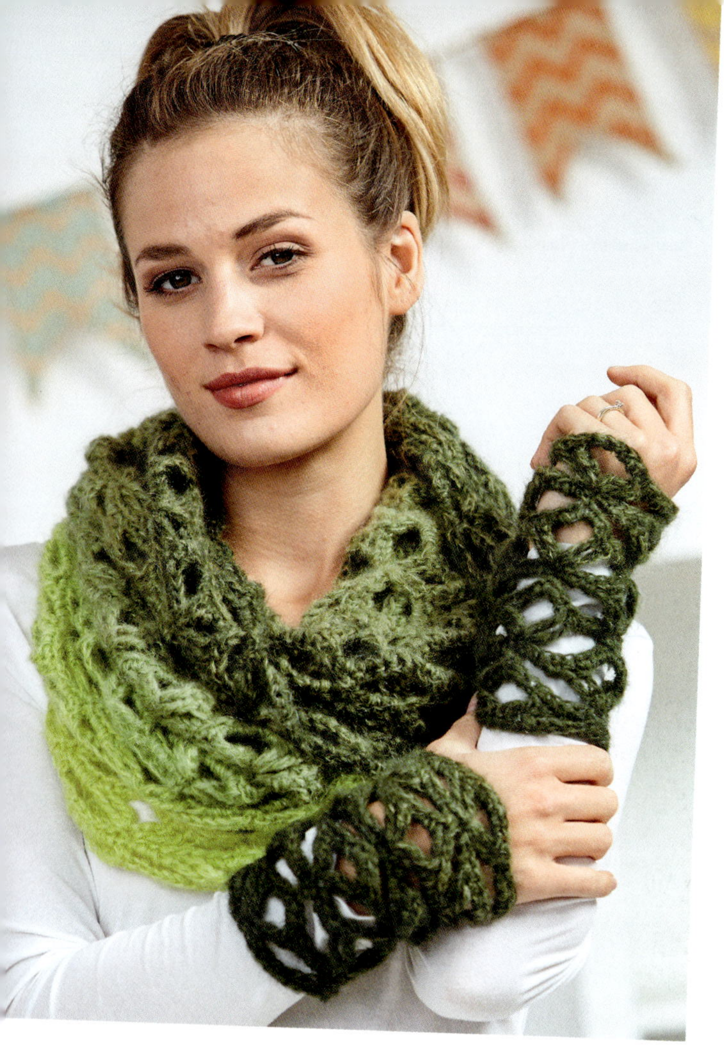

ARMSTULPEN

32 Luftmaschen anschlagen, mit 1 Kettmasche zur Runde schließen (darauf achten, dass sich die Luftmaschenkette nicht verdreht) und wie beim Loop laut Häkelschrift arbeiten. Für eine gleichmäßige Farbverteilung nach 11 cm ab Anschlag die 2. Armstulpe mit dem gleichen Farbabschnitt beginnen und anschließend die Armstulpen mit dem letzten Farbabschnitt des BOBBELs nach 22 cm ab Anschlag oder in Wunschlänge beenden.

Häkelschrift

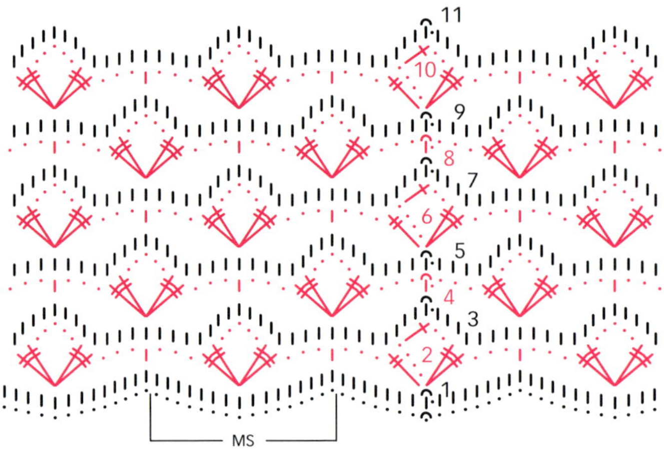

Zeichenerklärung

· = 1 Luftmasche

⌢ = 1 Kettmasche

ı = 1 feste Masche

† = 1 Stäbchen

ǂ = 1 Doppelstäbchen

MS = Mustersatz

Laufen die Zeichen unten zusammen, die Maschen in 1 Einstichstelle arbeiten.

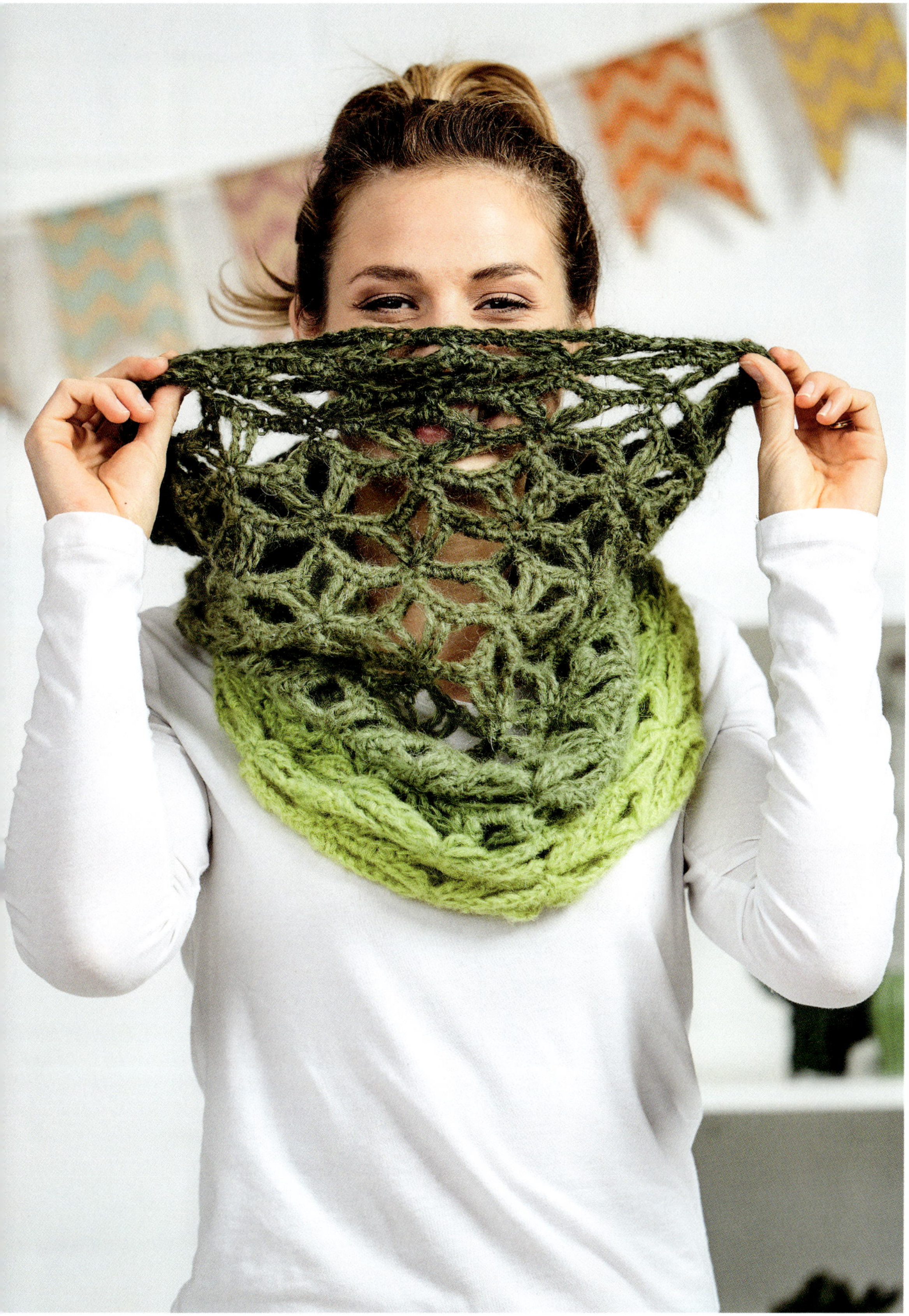

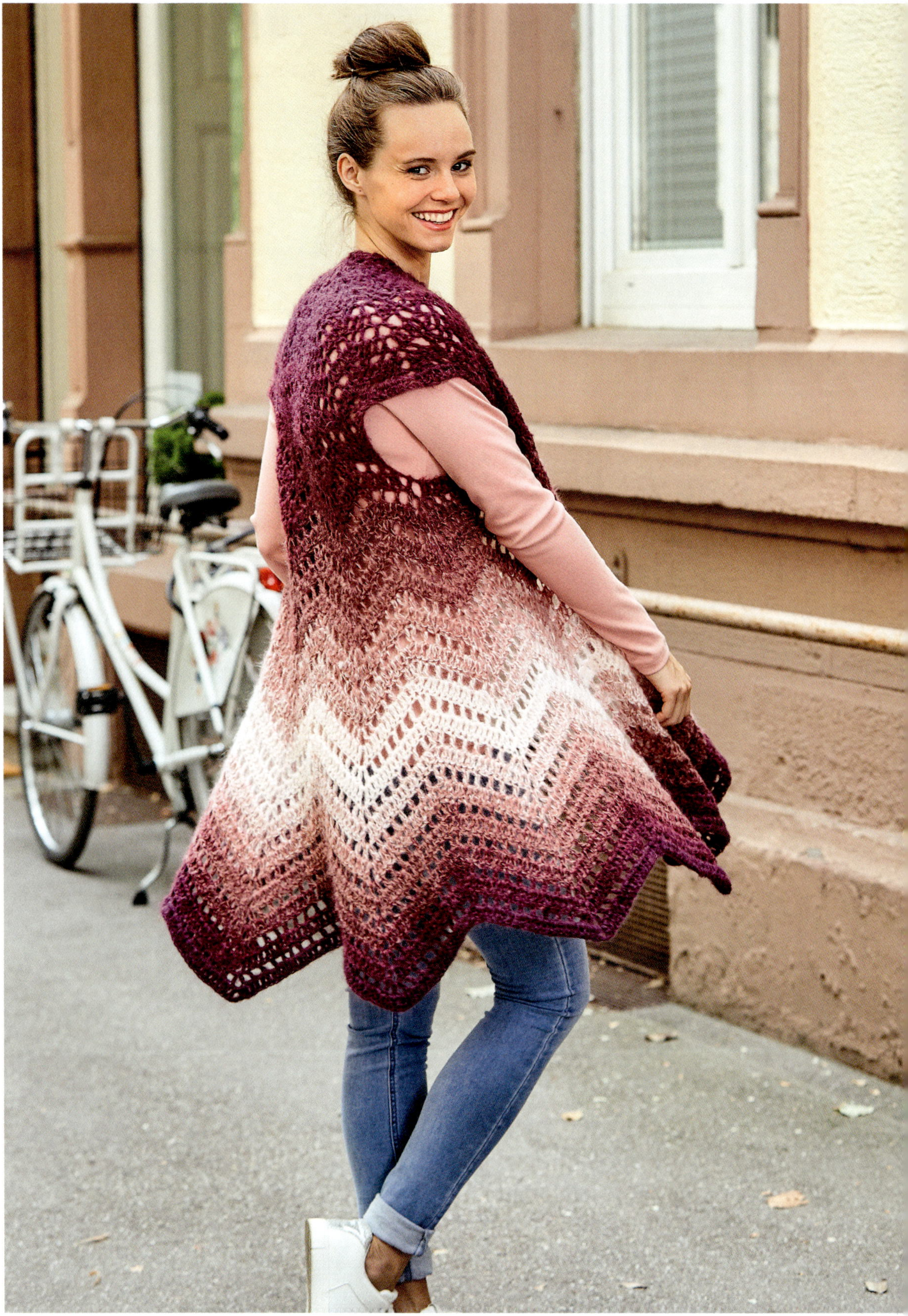

TUCHWESTE
Explosion

Größe: 36–42 (44–50) 52–58

MATERIAL

- Woolly Hugs BOBBEL-MOHAIR (15 % Mohair, 85 % Polyamid, Lauflänge ca. 420 m/150 g) von L&K (www.VeronikaHug.com): 2 (2) 3 BOBBEL in Wunschfarbe (Original in Farbe Nr. 204)
- 1 Häkelnadel Nr. 5–6

Hinweis: Der BOBBEL kann wunschgemäß von innen oder von außen verwendet werden. Den 2. und gegebenenfalls auch den 3. BOBBEL entsprechend farblich passend gegengleich anhäkeln.

Maschenprobe
13 Maschen und 4,5 Reihen = 10 x 10 cm

SO WIRD´S GEMACHT

In der oberen Mitte beginnend einen Fadenring arbeiten. Dann 4 Luftmaschen als Ersatz für das 1. halbe Doppelstäbchen häkeln und in den Fadenring 10 weitere Stäbchen und 1 halbes Doppelstäbchen arbeiten (= **1. Reihe** der Häkelschrift). Anschließend die **2.–16. Reihe** laut Häkelschrift arbeiten.
Hinweis: Zur besseren Übersicht ist zunächst die ganze Häkelschrift über alle 11 Segmente gezeigt, ab der 8. Reihe sind nur noch 4 ½ Segmente der Weste dargestellt. Die restlichen 6 ½ Segmente sinngemäß behäkeln.
Nach der 16. Reihe die **15. und 16. Reihe** stets wiederholen.

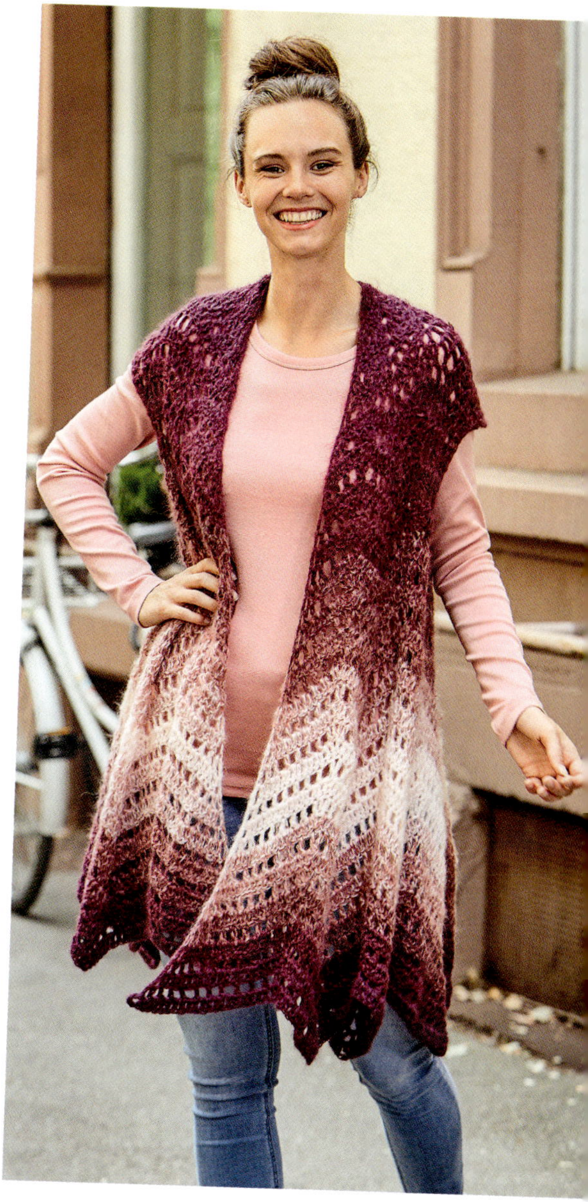

Für die **Armausschnitte** nach 29 cm = 13 Reihen (33,5 cm = 15 Reihen) 38 cm = 17 Reihen ab Anschlag an der blau eingezeichneten Linie die Maschen der Vorreihe mit 14 (16) 18 Luftmaschen überhäkeln und diese Luftmaschen in der folgenden Reihe wieder mit Stäbchen behäkeln. Die blaue Linie ist nur für die mittlere Größe eingezeichnet, um die Einteilung zu verdeutlichen. Die Tuchweste bestand bisher aus 11 Segmenten. Durch die Armausschnitte werden jeweils 2 Segmente auf 1 Segment reduziert, sodass nach den Armausschnitten nur noch 9 Segmente in Arbeit sind.
Anschließend die Weste mustergemäß bis zur Wunschlänge fortführen. Mit einer ungeraden Reihe der Häkelschrift enden, damit die untere Kante aus Stäbchen besteht.

Häkelschrift

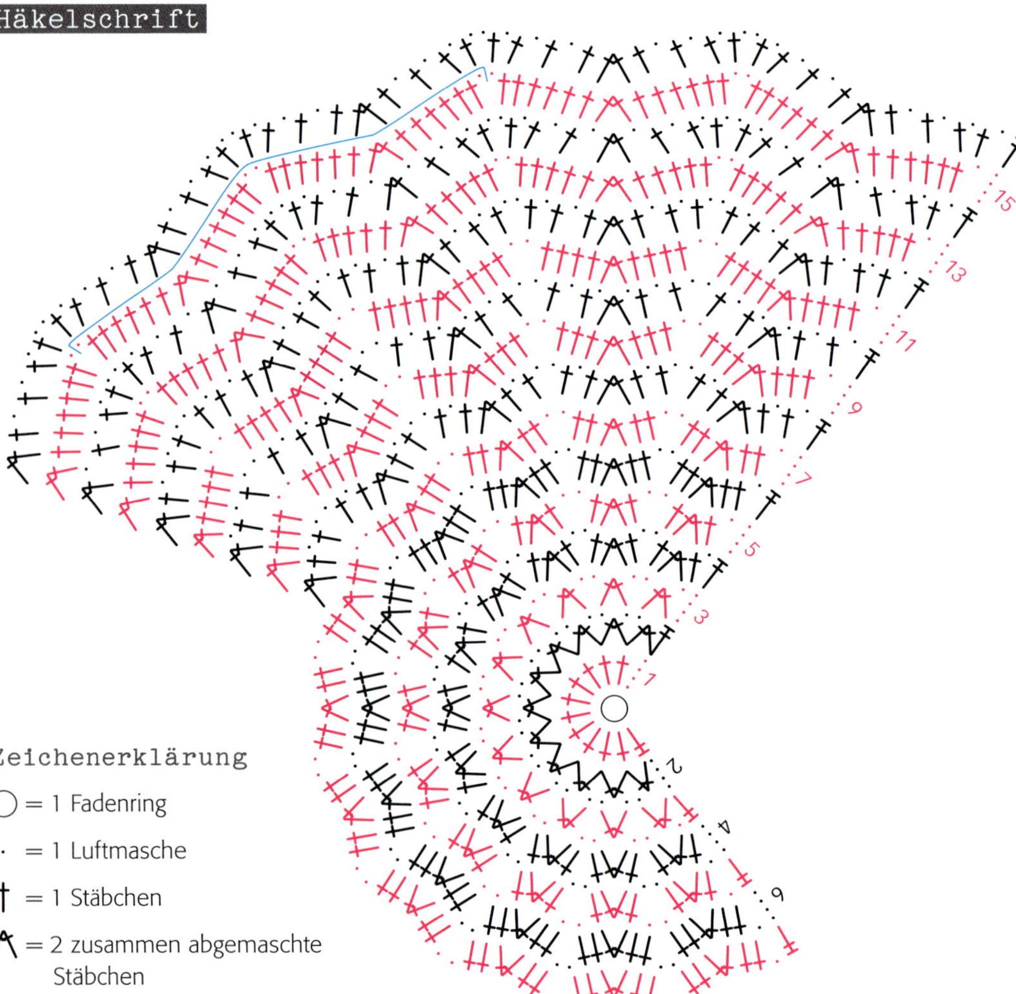

Zeichenerklärung

○ = 1 Fadenring

· = 1 Luftmasche

† = 1 Stäbchen

Λ = 2 zusammen abgemaschte Stäbchen

Ŧ = 1 halbes Doppelstäbchen

PATCHWORK-WESTE All-Day

Einheitsgröße: 38–44

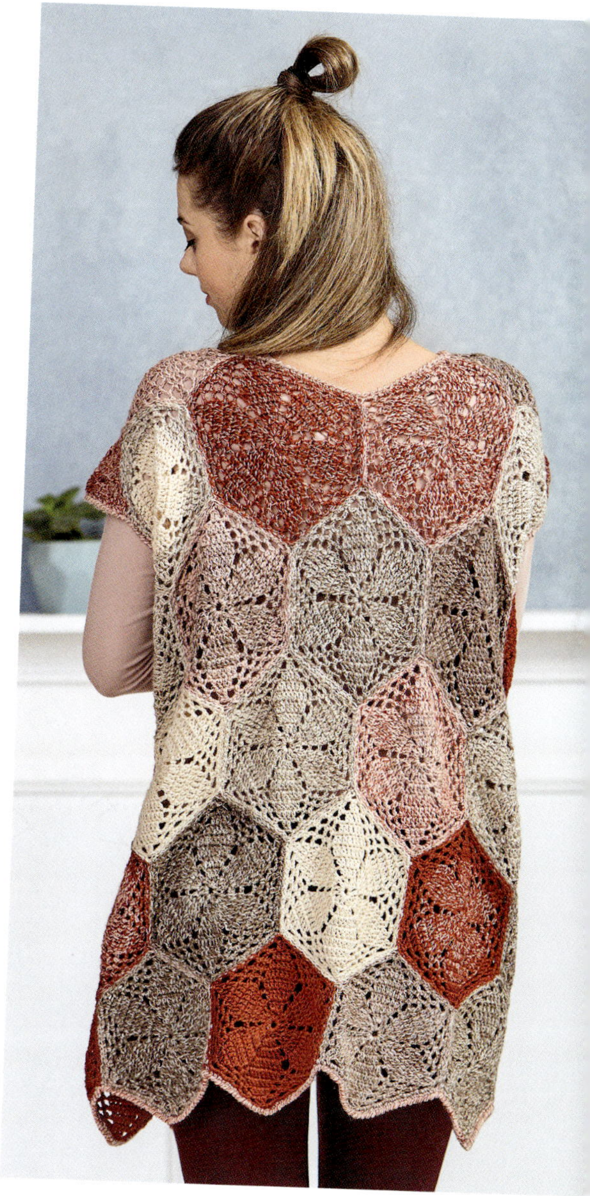

MATERIAL

- Woolly Hugs BOBBEL-MERINO (100 % Merino fein, Lauflänge ca. 700 m/200 g) von L&K (www.VeronikaHug.com): 2 BOBBEL in Wunschfarbe (Original in Farbe Nr. 105)
- 1 Häkelnadel Nr. 3,5–4

1 Patch

In 1 Fadenring 3 Luftmaschen als Ersatz für das 1. Stäbchen und 1 Luftmasche häkeln, dann * 1 Stäbchen und 1 Luftmasche arbeiten und ab * noch 10 x wiederholen, enden mit 1 Kettmasche in die oberste Ersatz-Luftmasche (= **1. Runde** der Häkelschrift 1). Anschließend die **2.–9. Runde** 1 x arbeiten. Danach enden.

1/2 Patch

In 1 Fadenring 3 Luftmaschen als Ersatz für das 1. Stäbchen, 1 Stäbchen und 1 Luftmasche häkeln, dann * 1 Stäbchen und 1 Luftmasche arbeiten und ab * noch 4 x wiederholen, enden mit 2 Stäbchen und 1 Kettmasche in die oberste Ersatz-Luftmasche (= **1. Reihe** der Häkelschrift 2). Anschließend die Arbeit wenden und die **2.–9. Reihe** 1 x arbeiten. Danach enden.

Maschenprobe

1 Patch = ca. 15 cm von Kante zu Kante, ca. 18 cm von Ecke zu Ecke, Kantenlänge ca. 9 cm

SO WIRD´S GEMACHT

Vorderteil und Rückenteil: Insgesamt 34 ganze und 8 halbe Patches häkeln. Die Teile laut Schnitt und in beliebiger Farbaufteilung auf der Rückseite zusammennähen. Dabei jeweils die Maschen unterhalb des oberen Maschengliedes erfassen, sodass diese später auf der Vorderseite liegen.

Fertigstellung: Die Kante der Weste und die Armausschnittränder jeweils rundum mit 1 Reihe fester Maschen und 1 Reihe Krebsmaschen behäkeln.

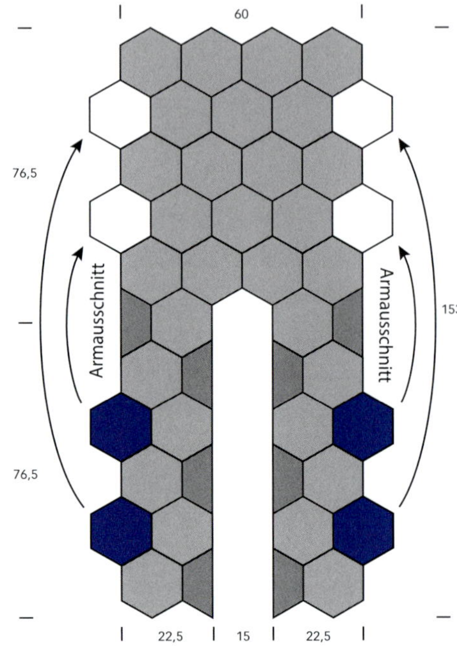

Zeichenerklärung

◯ = 1 Fadenring

· = 1 Luftmasche

⌒ = 1 Kettmasche

I = 1 feste Masche

† = 1 Stäbchen

∀ = 2 Stäbchen in 1 Einstichstelle

Häkelschrift 1

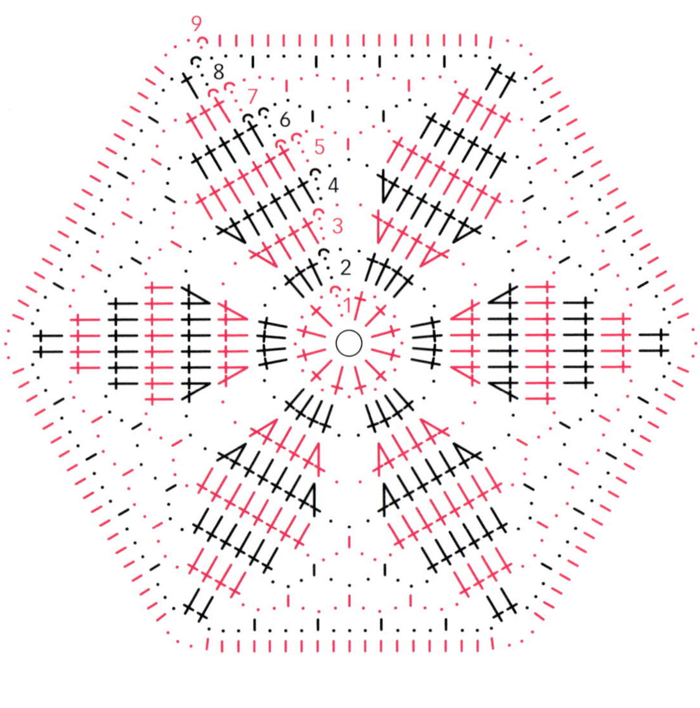

Häkelschrift 2

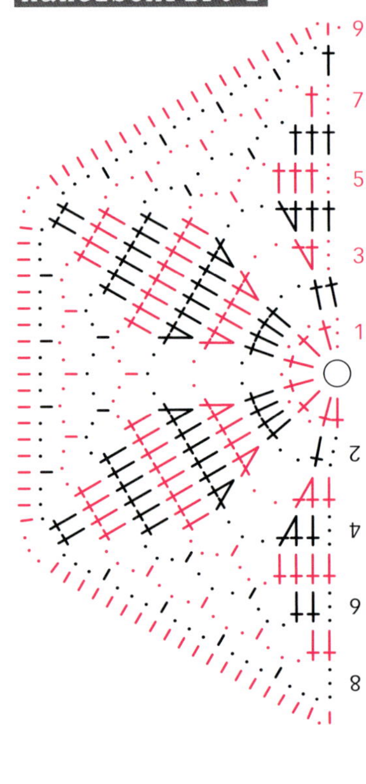

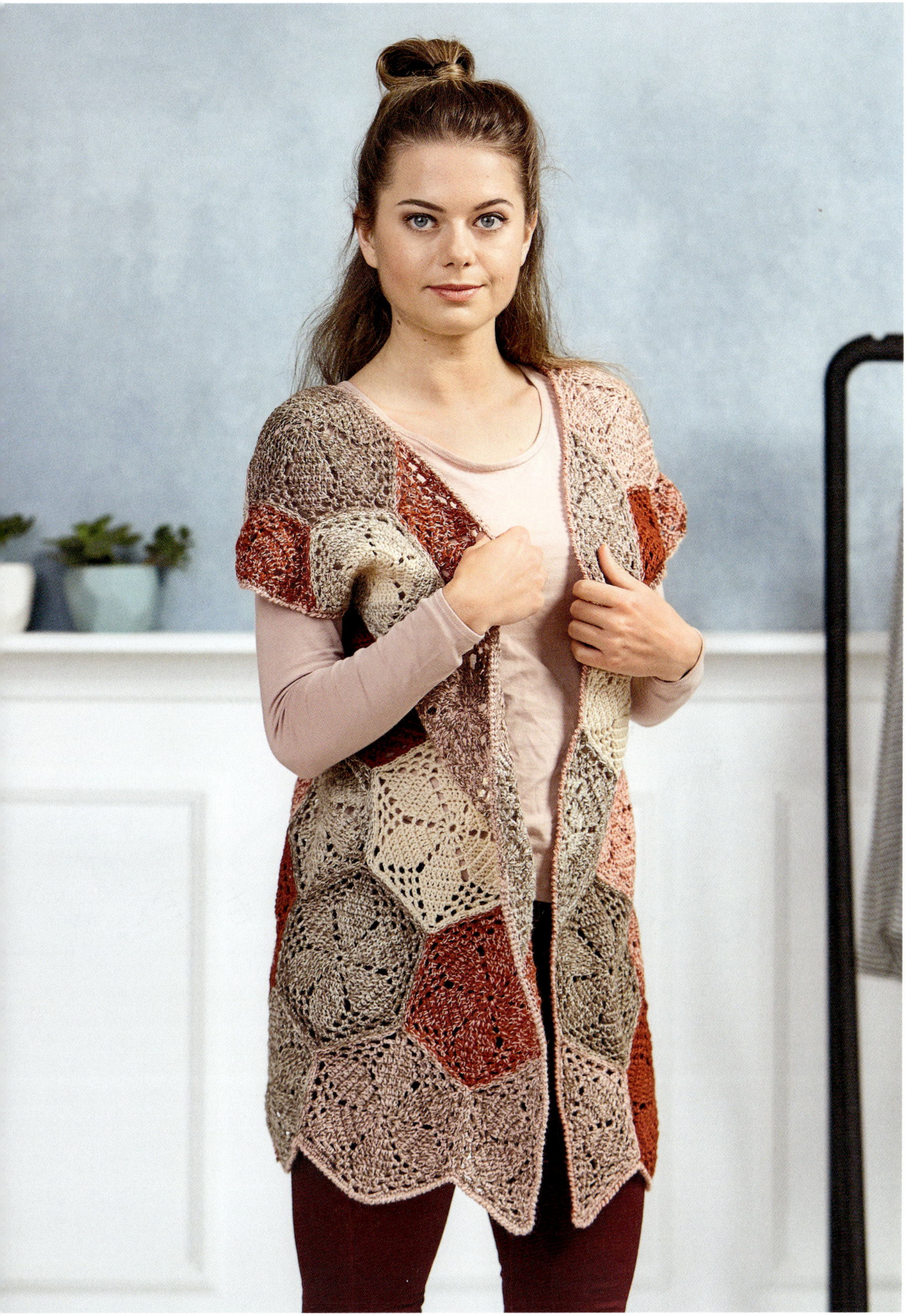

HÄKELSCHULE

Fadenring

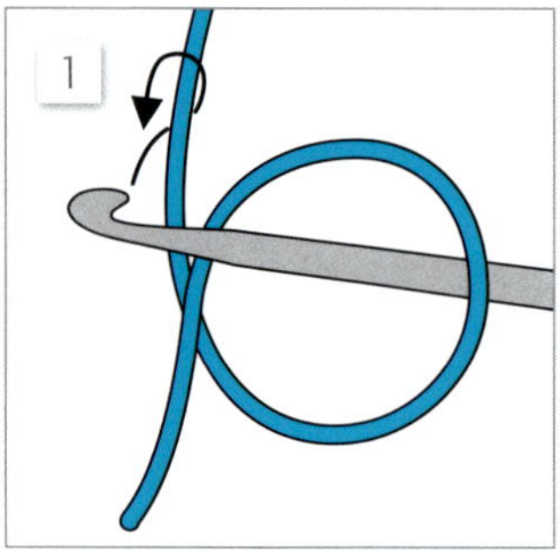

Den Faden zur Schlinge legen, einstechen, Faden von unten holen und durch die Schlinge ziehen. Fadenring noch nicht festziehen. Arbeitsfaden um den linken Zeigefinger legen.

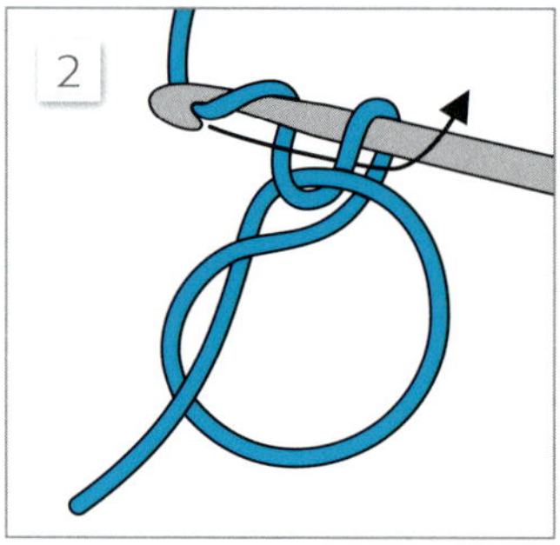

Den Kreuzpunkt der Fadenschlinge festhalten und 1 Luftmasche häkeln.

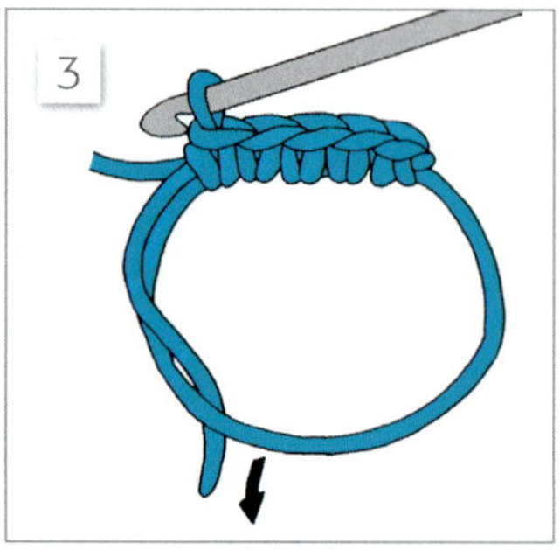

Maschen laut Anleitung um die Fadenschlinge herum arbeiten (hier sind es feste Maschen).

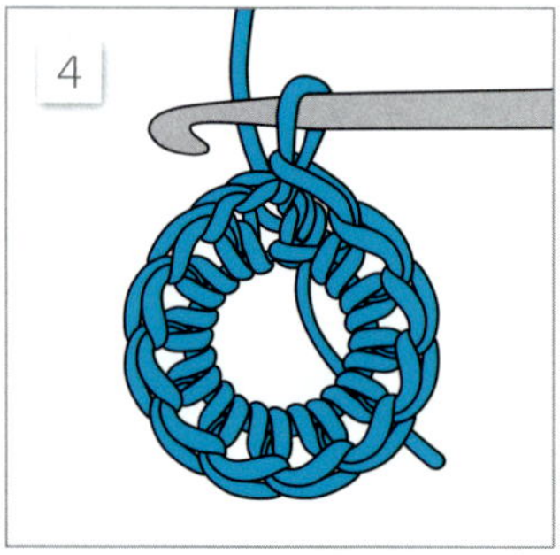

Die Runde mit einer Kettmasche in die 1. Masche schließen und den Fadenring am Anfangsfaden zuziehen.

Kettmasche

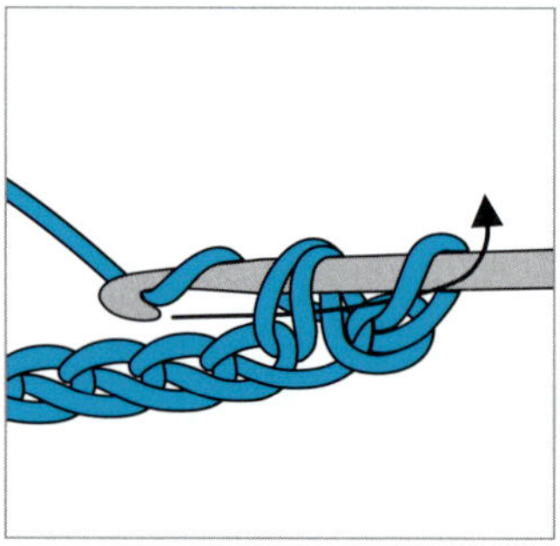

In beide Maschenglieder einstechen, Faden holen und durch die Masche und die auf der Nadel liegende Schlinge ziehen.

Feste Masche

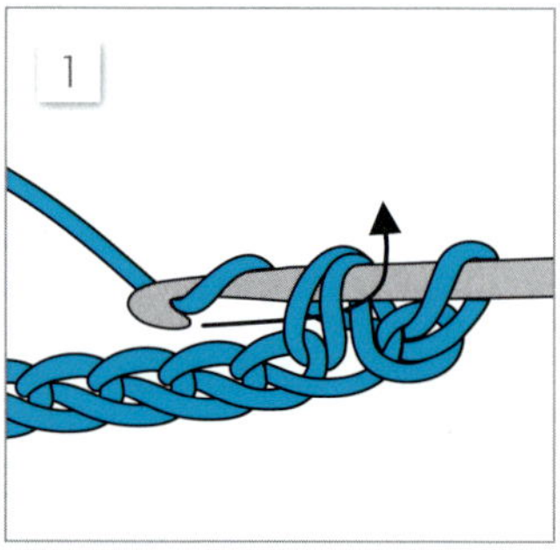

In beide Maschenglieder einstechen, Faden holen und durchziehen.

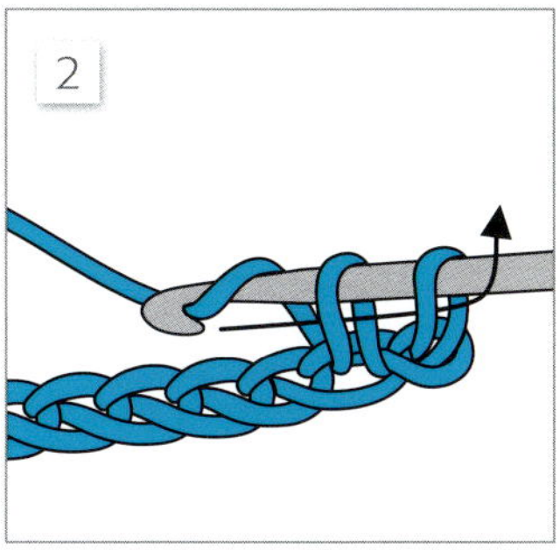

Den Faden nochmals holen und durch beide Schlingen auf der Nadel ziehen (= abmaschen).

Halbes Stäbchen

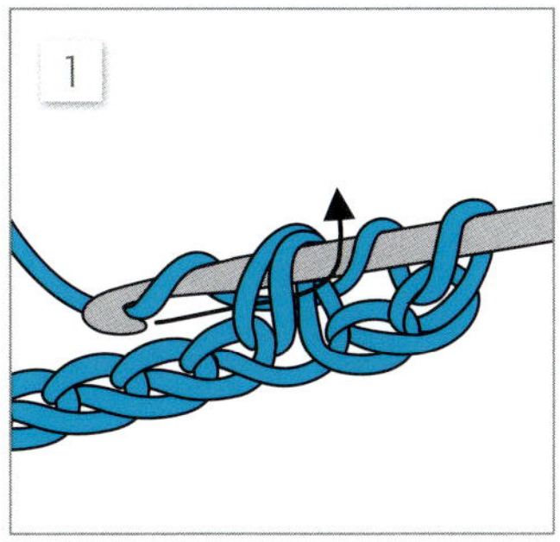

Faden um die Nadel legen (= 1 Umschlag bilden), einstechen, den Faden holen und durchziehen. Es liegen nun 3 Schlingen auf der Nadel.

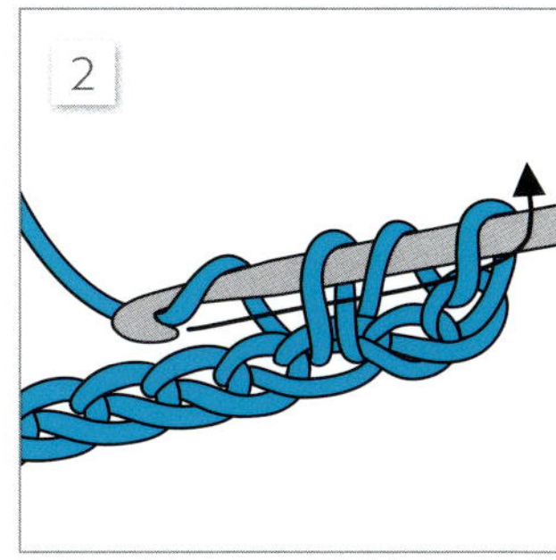

Den Faden nochmals holen und durch alle 3 Schlingen ziehen.

Stäbchen

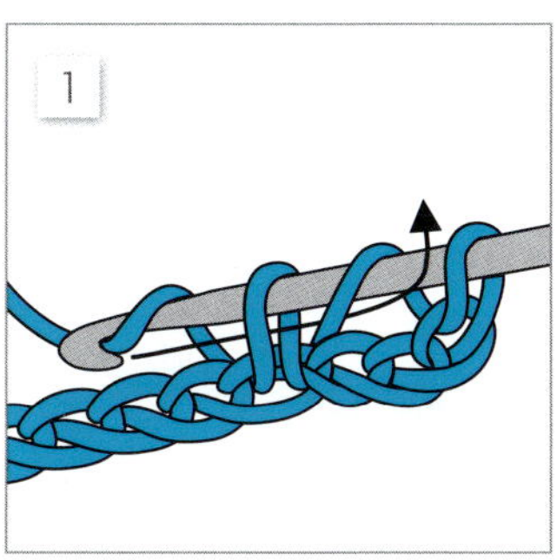

Das 1. Stäbchen der Reihe wird durch 3 Luftmaschen ersetzt. 1 Umschlag bilden, einstechen, Faden holen und durchziehen (= 3 Schlingen auf der Nadel).

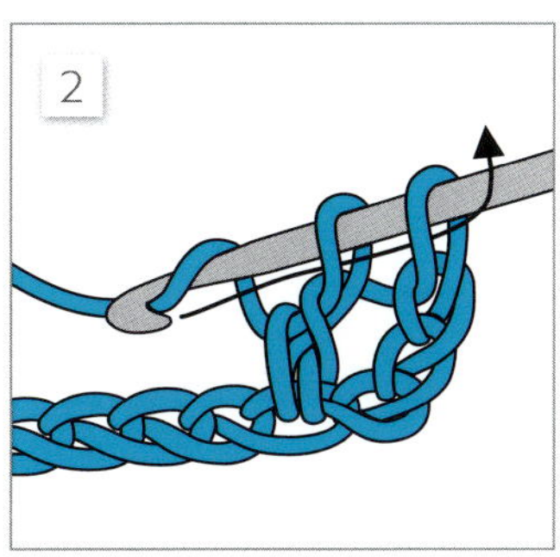

Nun 2 x nacheinander Faden holen und jeweils durch 2 Schlingen ziehen.

Halbes Doppelstäbchen

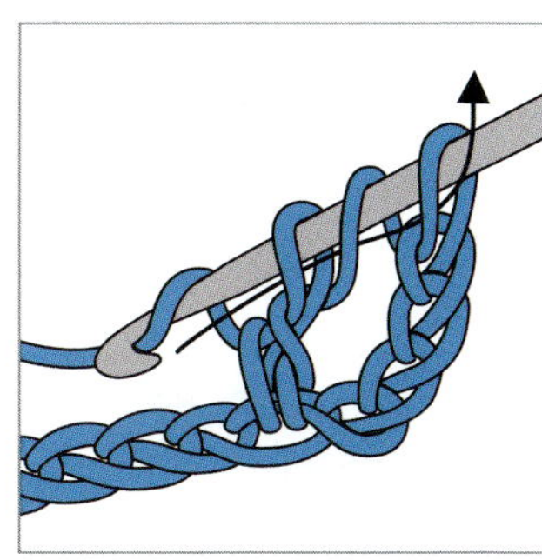

2 Umschläge bilden, einstechen, Faden holen und durchziehen (= 4 Schlingen auf der Nadel). Faden holen und durch 2 Schlingen ziehen. Faden holen und durch die restlichen 3 Schlingen ziehen.

Doppelstäbchen

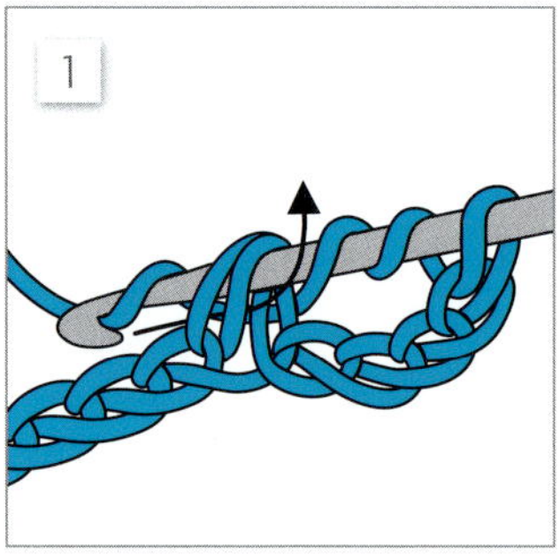

Das 1. Doppelstäbchen der Reihe wird durch 4 Luftmaschen ersetzt. 2 Umschläge auf die Nadel nehmen und in die 5. Masche von der Nadel aus einstechen. Den Faden holen und durchziehen.

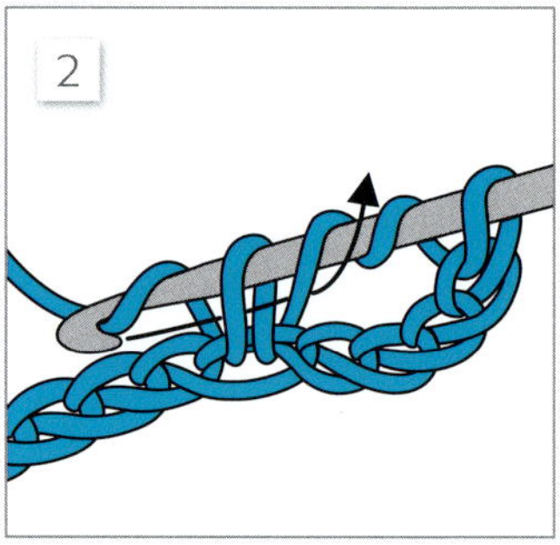

Es liegen nun 4 Schlingen auf der Nadel. Den Faden nochmals holen und durch 2 Schlingen ziehen.

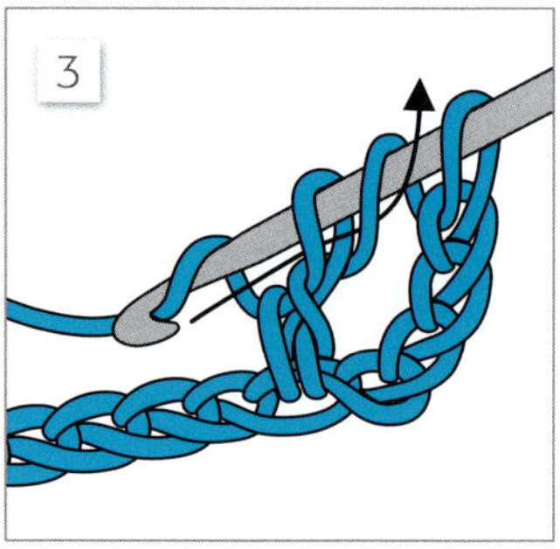

Es liegen nun 3 Schlingen auf der Nadel. Den Faden erneut holen und durch 2 der 3 Schlingen ziehen.

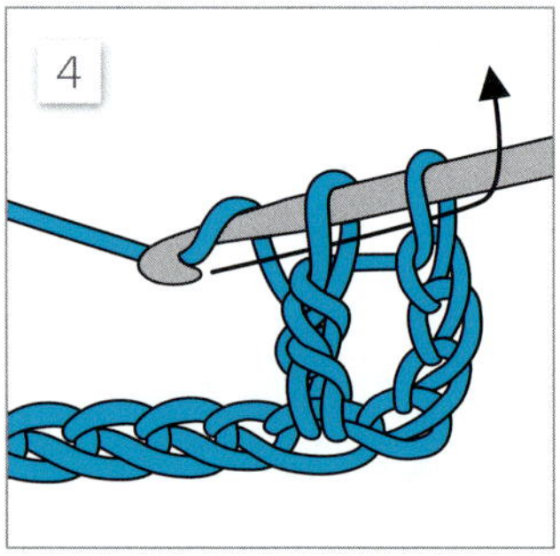

Den Faden nochmals holen und durch die restlichen 2 Schlingen ziehen.

Reliefstäbchen von vorn

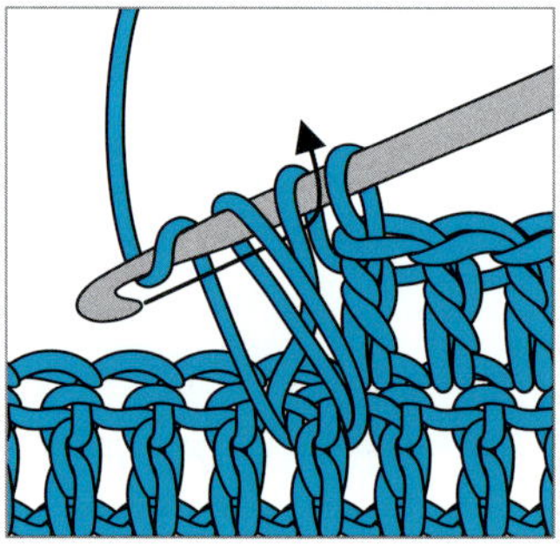

1 Umschlag bilden, von vorn nach hinten um das Stäbchen der Vorreihe einstechen und vorn wieder ausstechen. Den Faden durchholen und die Masche beenden.

Reliefstäbchen von hinten

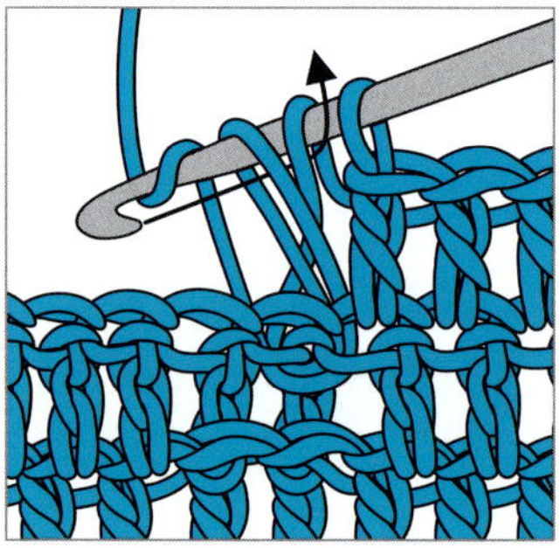

1 Umschlag bilden, von hinten nach vorn um das Stäbchen der Vorreihe einstechen und hinten wieder ausstechen. Den Faden durchholen und die Masche beenden.

Maschen zusammen abmaschen

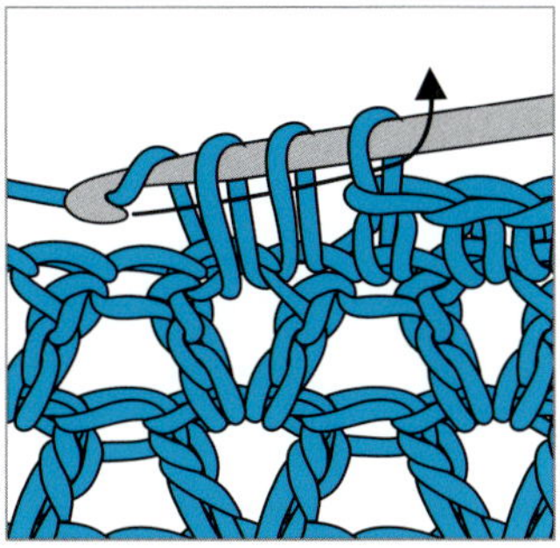

Jede Masche nur bis zum letzten Schritt arbeiten, dann Faden holen und alle auf der Nadel liegenden Schlingen zusammen abmaschen. Im Bild werden feste Maschen zusammen abgemascht.

Mehrere Maschen in 1 Einstichstelle

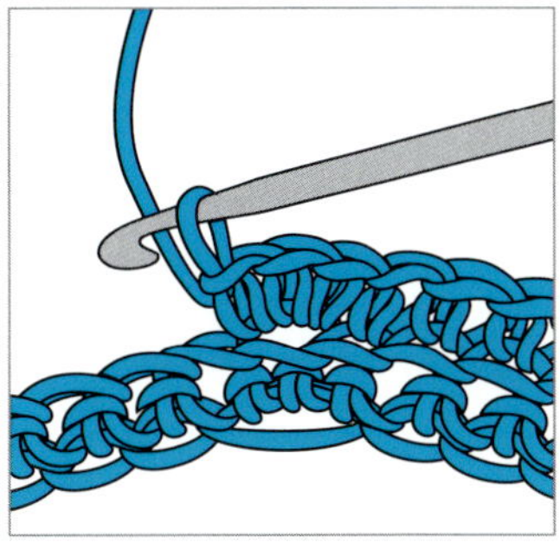

Um Maschen zuzunehmen, mehrere Maschen in dieselbe Einstichstelle arbeiten.

Masche ins vordere Maschenglied

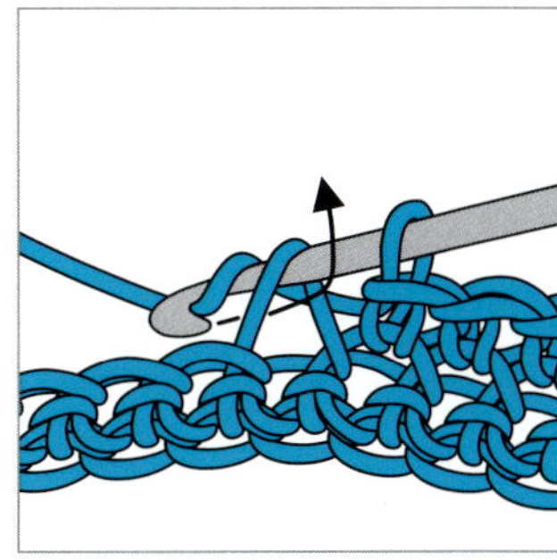

Beim Einstechen stets nur das vordere Maschenglied erfassen und den Faden durchholen. Danach die Masche wie gewohnt abhäkeln.

Krebsmasche

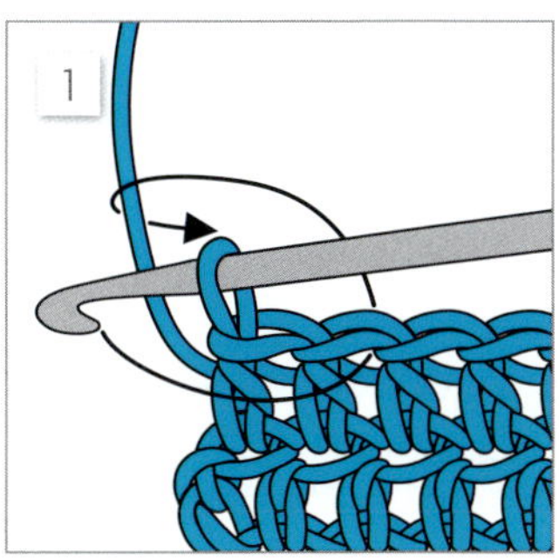

Die Arbeit nicht wenden, sondern zurück in die vorletzte Masche der Vorreihe einstechen, den Faden holen und durchziehen.

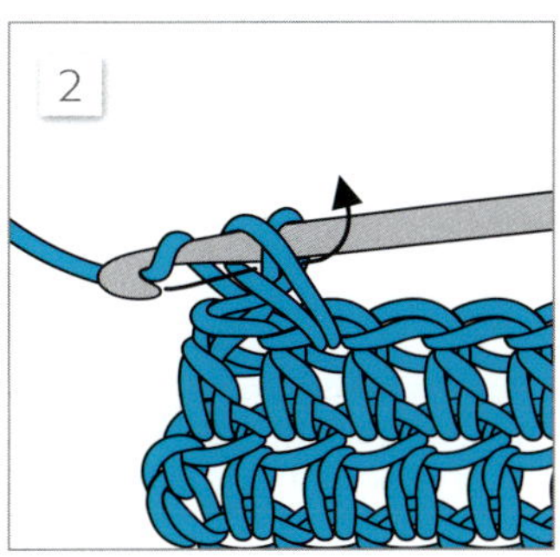

Den Faden nochmals holen und durch beide Schlingen auf der Nadel ziehen. Weiter im „Krebsgang", also rückwärts, von links nach rechts häkeln.

Arbeit beenden

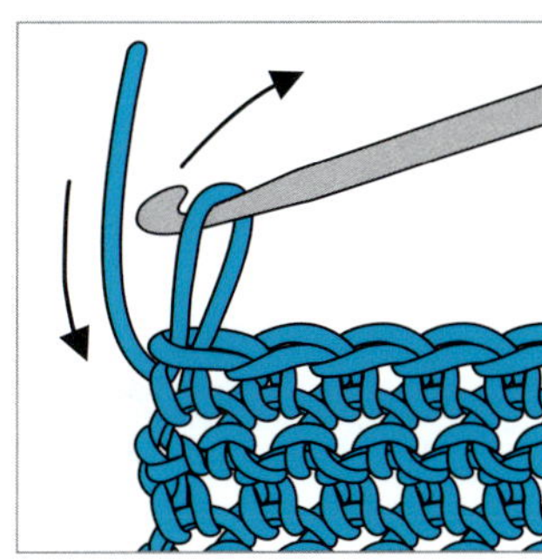

Ist die letzte Masche erreicht, den Faden bis auf ca. 15 cm abschneiden, sodass das Fadenende noch vernäht werden kann. Den Faden durch die letzte Masche ziehen und fest anziehen. Dadurch bildet sich der Abschlussknoten.

IMPRESSUM

Verantwortlich: Maria Möllenkamp
Design & Realisation: Veronika Hug, Silvia Jäger, Mareen Kmoch, Claudia Krieg, Sabine Meenen, Ursula Stoltz
Fotos & Styling: Florian Bilger Fotodesign
Lektorat: Johanna Heiß
Korrektorat: Margit Huber
Layout: GrafikwerkFreiburg
Umschlaggestaltung:
Guter Punkt GmbH & Co. Kg
Repro: Ludwig:media, Zell am See
Herstellung: Bettina Schippel

Printed in Slovenia by Florjancic Tisk

★★★★★

Sind Sie mit diesem Titel zufrieden? Dann würden wir uns über Ihre Weiterempfehlung freuen. Erzählen Sie es im Freundeskreis, berichten Sie Ihrem Buchhändler oder bewerten Sie bei Onlinekauf. Und wenn Sie Kritik, Korrekturen, Aktualisierungen haben, freuen wir uns über Ihre Nachricht an: Christian Verlag, Postfach 40 02 09, D-80702 München oder per E-Mail an: lektorat@verlagshaus.de.

Unser komplettes Programm finden Sie unter

www.christophorus-verlag.de

Die Deutsche Nationalbibliothek verzeichnet diese Publikation in der Deutschen Nationalbibliografie; detaillierte bibliografische Daten sind im Internet über http://dnb.d-nb.de abrufbar.

6. Auflage 2026

ISBN 978-3-8410-6520-9

Kreativ-Service

Sie haben Fragen zu unseren Büchern und Materialien? Wir beraten Sie gern rund um alle Kreativthemen. Rufen Sie uns einfach an. Wir interessieren uns auch für Ihre eigenen Ideen und Anregungen. Sie erreichen uns per E-Mail: kreativ-service@c-verlag.de oder Telefonnummer: 0049-89-1306 99 577.

Besuchen Sie uns im Internet: www.christophorus-verlag.de & www.selbstgemacht.de